GREEN COMPUTING E E-COMMERCE SOSTENIBILE.
Un piccolo viaggio negli impatti ambientali della rete

Alessandro De Chirico

Green computing e e-commerce sostenibile. Un piccolo viaggio negli impatti ambientali della rete

Copyright © 2016 by Alessandro De Chirico

Copertina a cura dell'autore.

All rights reserved. This book or any portion thereof may not be reproduced or used in any manner whatsoever without the express written permission of the publisher except for the use of brief quotations in a book review or scholarly journal.

Prima edizione: 2016

ISBN 978-1-326-90102-8

Edito e distribuito da:

www.hedgehogsphere.com

Questo libro è dedicato a
Dario Bongiovanni e a Daniela Risso,
unici, instancabili e inimitabili professori
del mio Istituto d'Istruzione Superiore
Abba – Gastaldi di Genova.
Il loro sorriso è ancora qui.

Indice

NOTA IMPORTANTE 9

INTRODUZIONE 11

1. UOMO E TECNOLOGIA, LO STATO DELL'ARTE 15

    1.1   UOMINI E MACCHINE, UN RAPPORTO DI DIPENDENZA 16

    1.2   TRANSUMANESIMO E SINGOLARITÀ TECNOLOGICA 18

    1.3   LE TECNOLOGIE CHE CAMBIERANNO IL FUTURO 21

        1.3.1   *Internet of Things* 22

        1.3.2   *Big Data* 27

        1.3.3   *Web Semantico* 33

        1.3.4   *Interfacce percettive e eye tracking* 36

        1.3.5   *Cloud Computing* 41

        1.3.6   *Peer-to-Peer e Grid Computing* 45

        1.3.7   *Realtà aumentata e realtà virtuale* 48

        1.3.8   *La didattica online: le piattaforme e-learning e i MOOC* 53

    1.4   ASSUEFAZIONE TECNOLOGICA 57

2. SVILUPPO SOSTENIBILE E CAMBIAMENTO CLIMATICO 61

    2.1   INTRODUZIONE 61

    2.2   CHE COS'È LO SVILUPPO SOSTENIBILE 63

    2.3   I TRE PILASTRI DELLO SVILUPPO SOSTENIBILE 66

        2.3.1   *Sviluppo socio-economico* 66

        2.3.2   *Tutela ambientale* 82

3. GREEN COMPUTING 127

3.1 INTRODUZIONE 127

3.2 IMPATTO AMBIENTALE SETTORE IT 129

3.3 FORME DI APPROCCIO AL GREEN COMPUTING 133

3.4 AREE DI INTERVENTO DEL GREEN COMPUTING 136

    3.4.1   Green devices e hardware 136

    3.4.2   Green data storage 157

    3.4.3   Green software 174

    1.4.1   Green data centres 178

    1.4.2   Green cloud computing 205

    1.4.3   Green printing 216

    1.4.4   Integrazione di strategie di green computing ai modelli di business tradizionali 220

    1.4.5   IT come supporto alle iniziative green 226

4. E-COMMERCE SOSTENIBILE 229

    4.1 PORTATA DEL FENOMENO E-COMMERCE 229

    4.2 IMPATTO AMBIENTALE DELL'E-COMMERCE 234

        4.2.1   I parametri chiave della vendita online vs. il commercio tradizionale 235

        4.2.2   Migliorare le prestazioni ambientali dell'e-commerce B2C 238

    4.3 LOGISTICA SOSTENIBILE 241

        4.3.1   Impatto ambientale del trasporto merci 245

        4.3.2   Impatto ambientale delle attività di magazzinaggio 248

        4.3.3   Caratteristiche e impatti ambientali delle principali modalità di trasporto 253

        4.3.4   Impatto ambientale delle consegne via drone 256

	4.3.5	Food miles. Vicino è meglio?... 258
	4.4	IMBALLAGGI SOSTENIBILI 260
	4.4.1	Life Cycle Assessment (LCA) 265
	4.4.2	Classificazione degli imballaggi 268
	4.4.3	Cambiamenti indotti dall'e-commerce agli imballaggi 270
	4.4.4	Eco-friendly packaging design 271

5. USABILITÀ E ACCESSIBILITÀ DELLA RETE 279

    5.1 INTRODUZIONE 279

    5.2 L'ERGONOMIA 280

        5.2.1 User-Centered Design e User Experience 282

        5.2.2 Le caratteristiche degli utenti, progettare per la variabilità umana 285

        5.2.3 Accessibilità del web 287

    5.3 USABILITÀ 288

        5.3.1 Le regole d'oro e le euristiche 290

    5.4 WEB USABILITY 296

        5.4.1 Il comportamento dell'utente nel Web 298

    5.5 DIRITTO DI ACCESSO ALLA RETE INTERNET 302

APPENDICE – CASI STUDIO 311

    GOOGLE, PIÙ DI SEMPLICE EFFICIENZA ENERGETICA 311

    HOSTINGSOSTENIBILE.IT 317

    IL PROGETTO DI AMAZON PRIME AIR 318

    KORTO, ORTI URBANI ONLINE 320

    LA SOSTENIBILITÀ DEL PACKAGING TETRA PAK 322

TREEDOM E TREE-NATION, NUOVI ALBERI PER COMPENSAZIONE DELLE EMISSIONI DI CO_2 326

#IOLORACCOLGO, UN HASHTAG PER PULIRE IL MONDO 328

CONCLUSIONI **331**

BIBLIOGRAFIA **335**

Nota importante

Per contenere il prezzo del volume si è scelta una pubblicazione in bianco e nero. Per le immagini che necessitano di una visone a colori vi invito a consultare il seguente link:

http://goo.gl/t5wgJU

Introduzione

La green economy è diventata la parola d'ordine dei nuovi mercati. Un processo di cambiamento che ha cavalcato l'onda della crisi finanziaria e che ora potrebbe addirittura aiutare il pianeta che, negli ultimi decenni, è stato preda di una prepotente e incessante antropizzazione.

È cresciuta infatti, sia nella politica che nei consumatori, la consapevolezza dei cambiamenti climatici e della necessità di uno sviluppo più etico e sostenibile.

Oggi come nel passato, ha giocato un ruolo fondamentale la tecnologia, da sempre unica via percorribile dall'uomo per superare i propri limiti e quelli imposti dalla natura.

Dalla Rivoluzione Industriale in poi, tuttavia, la tecnologia sembra essere sfuggita dal pieno controllo umano e, le necessità di una vita decisamente più "agiata", sembrano aver impattato con quelle del pianeta, portando per esempio, ad una concentrazione di gas serra in atmosfera pari a 400 parti per milione, cosa che non si era mai verificata in 800 mila anni.

Questo libro si propone di delineare alcune best practices utili per dar vita a uno sviluppo sostenibile e a ridotto impatto am-

bientale della tecnologia informatica, di Internet e dell'e-commerce (uno dei servizi più in crescita del Web).
Il lavoro può essere suddiviso in due parti:
- una prima parte introduttiva (contenente il Capitolo 1 e il Capitolo 2) che ho ritenuto indispensabile per comprendere le ragioni che spingono a ripensare la tecnologia;
- una seconda parte (contenente il Capitolo 3, il Capitolo 4 e il Capitolo 5) dedicate al green computing, all'e-commerce sostenibile, all'usabilità e al diritto di accesso alla rete.

Chiude il libro un'appendice contenente alcuni casi studio.

Nel dettaglio, nel primo capitolo *Uomo e tecnologia, lo stato dell'arte* ho cercato di fornire una panoramica delle principali innovazioni tecnologiche (presenti o imminenti) legate all'infrastruttura di Internet. Un rapporto di dipendenza quello dell'uomo dalla tecnologia al punto che, mentre alcuni autori parlano di "assuefazione tecnologica", altri suggeriscono filosofie come il Transumanesimo, il post-umano e la singolarità tecnologica.

Nel capitolo 2, *Sviluppo sostenibile e cambiamento climatico*, percorreremo un brevissimo viaggio sul tema dello sviluppo sostenibile e sulle tematiche ad esso legate quali lo sviluppo socio-economico e la tutela ambientale.

Nel capitolo 3, *Green computing*, ci occuperemo dell'impatto ambientale del settore IT e di come sia possibile, grazie anche a moderne tecnologie, ridurne gli effetti negativi.

Nel capitolo 4, *E-commerce sostenibile*, analizzeremo la portata del fenomeno e-commerce, il suo impatto ambientale e le pratiche per migliorare la logistica e gli imballaggi.

Nel capitolo 5, *Usabilità e accessibilità della rete*, delineeremo alcuni aspetti circa l'usabilità, la user experience e l'ergonomia cognitiva. Misure indispensabili per uno sviluppo socialmente sostenibile del web.

In *Appendice* i casi studio di Google, Hostingsostenibile.it, Amazon Prime Air, Korto, Tetra Pak, Treedom, Tree-nation e l'iniziativa #ioloraccolgo.

1. Uomo e tecnologia, lo stato dell'arte

Zi-gong, dopo essersi recato nel principato di Chu, tornava verso quello di Jin. Passando a sud del fiume Han, vide un vecchio intento a lavorare il suo orto.

Quell'uomo scendeva lungo un tunnel fino al pozzo, ne usciva con la giara colma d'acqua e la vuotava nei canaletti delle sue aiuole. Lavoro faticoso e di scarso risultato. Zi-gong gli disse: «Se aveste una macchina che riuscisse a irrigare cento aiuole al giorno, non vorreste servirvene?»

«Come è fatta?» chiese il giardiniere levando lo sguardo su Zi-gong.

«È una macchina di legno cavo, pesante dietro e leggera davanti, con la quale si tira su l'acqua come si potrebbe far con la mano, ma così velocemente che l'acqua trabocca ribollendo dal secchio: questa macchina si chiama "Pozzo a bilanciere"».

Il giardiniere si adirò, cambiò colore e con scherno disse: «Ho imparato questo dal mio maestro: chi si serve di macchine, usa dei meccanismi e il suo spirito si meccanizza. Chi ha lo spirito meccanizzato non possiede più la purezza dell'innocenza e perde la pace dell'anima. Non ignoro i pregi di questa macchina, ma avrei vergogna a servirmene».

Zhuang-zi, filosofo e mistico cinese

1.1 Uomini e macchine, un rapporto di dipendenza

In *Questioni meccaniche*, testo attribuito ad Aristotele, si legge «con le macchine si vincono battaglie che per natura perderemo». La storia della tecnica, in effetti, prende avvio come tattica adoperata dall'uomo per la sopravvivenza e volta ad affrontare o risolvere al meglio le ostilità presenti nell'ambiente naturale. Per l'uomo primordiale, la natura, si profila quindi come una antagonista da debellare con doti proprie dell'essere umano quali intelligenza, consapevolezza e immaginazione. L'uomo può scegliere, entro alcuni limiti, se convivere o prevalere su ciò che il suo habitat naturale comprende come vegetali, animali, cose apparentemente inanimate e altri esseri umani. (Grassani, 2002, p. 12)

Le macchine in sostanza hanno lo scopo e l'effetto di sostituire, potenziare o estendere una o più facoltà umane permettendogli un aumento netto del tempo e dell'energia che il singolo individuo può avere a propria disposizione. Minore fatica fisica quindi, ma anche più tempo da dedicare al riposo e alle ritualità del corpo sociale. (Boncinelli, 2006, p. 7-15)

La Rivoluzione Industriale e l'invenzione della macchina a vapore, in questo senso, rappresentano uno dei passi più grandi che l'uomo ha compiuto o forse il *punto di partenza* da cui è iniziato a cambiare il nostro modo di vivere.

Oggi viviamo nella cosiddetta *età della tecnica* dove, con la parola "tecnica", ci riferiamo all'insieme delle macchine e quindi alla loro invenzione, produzione, comprensione e controllo. In quest'epoca la tecnologia ha apportato visibili cambiamenti al mondo che ci circonda, al tessuto sociale e al modo di relazionarci con gli altri. (Boncinelli, 2006, p. 7-15)

Re indiscusso di quest'epoca è senz'altro il calcolatore elettronico, il computer, simbolo di questi ultimi cinquant'anni e invenzione che, con i suoi progressi, più di ogni altra ci ha dato un certo senso di onnipotenza.

Tutto questo, chiaramente, non si è realizzato tutto in una volta, la storia riecheggia di nomi e di teorie poi divenute realtà. Per citarne alcuni: Gottfried Wilhelm von Leibniz che gettò le basi della logica simbolica. George Boole, colui che per primo elaborò i principi della logica formale del sistema binario (un linguaggio composto di soli sì e no, di 1 e di 0) oggi universalmente utilizzato da tutte le macchine digitali. Alan Turing progettò una macchina virtuale, detta appunto *macchina di Turing*, in grado di simulare il comportamento di ogni possibile calcolatore che operi attraverso un numero finito di passaggi logici definiti. John von Neumann che dettò le regole generali per una configurazione ottimale di un calcolatore reale e Claude Shannon il quale codificò i principi fondamentali della *teoria dell'informazione*. Il risultato è il nostro computer, una macchina che utilizzando energia elettrica e informazioni (non materia) risolve passo dopo passo un numero enorme di problemi. (Boncinelli, 2006, p. 118-128)

1.2 Transumanesimo e singolarità tecnologica

Per quel che riguarda il rapporto uomo-tecnologia, vi è un movimento filosofico molto interessante che prende il nome di *Transumanesimo* (o transumanismo, spesso abbreviato con *H+* ovvero *humanity plus*).
Il Transumanesimo è un movimento intellettuale che sostiene l'uso della tecnologia e delle scoperte scientifiche per aumentare le capacità fisiche e cognitive dell'uomo (ivi compreso il debellare l'invecchiamento e la morte in qualità di condizione umana non desiderabile). Tramite l'impiego della tecnologia si

vuole quindi creare un qualcosa di diverso o, meglio ancora, di "superiore" all'uomo.

Il Transumanesimo è quindi una fase di transizione che permetterà di raggiungere una dimensione del tutto nuova detta *postumano* in cui si potrà tenere l'esistenza lontano dal dolore, dalla malattia, dalla fatica e dalla morte. (Vatinno, 2010, p. 24-26)

Correlato al tema del Transumanesimo vi è quello della *singolarità tecnologica*. Secondo Vernor Vinge la singolarità è, a seguito dell'accelerazione del progresso tecnologico di quest'ultimo secolo[1], l'imminente creazione tecnologica di entità con un'intelligenza superiore a quella umana. La singolarità tecnologica è quindi il momento in cui l'intelligenza artificiale potrebbe prendere il sopravvento creando tecnologie in grado di replicarsi, migliorarsi e adattarsi autonomamente. (Vinge, 1993)

L'*intelligenza artificiale* (abbreviato con AI da *artificial intelligence*) si occupa del comportamento intelligente dei sistemi artificiali. Questo comportamento coinvolge capacità quali ragionamento, apprendimento, comunicazione e azione in ambienti

---

[1] Il tema della singolarità, dopo Vinge, è stato largamente trattato dal futurologo Ray Kurzweil nel suo libro "La Singolarità è vicina". Kurzweil è ideatore della *legge dei ritorni accelerati* in cui si mostra come il progresso tecnologico sia di tipo esponenziale e non lineare.

complessi. L'AI ha tra i suoi obiettivi a lungo termine proprio lo sviluppo di macchine in grado di attuare questi comportamenti.[2]

Sarebbe un evento drammatico e al tempo stesso emozionante; i transumanisti vedono nella singolarità una sorta di "venuta divina" poiché una nuova potente intelligenza sorgerebbe da tutte le capacità elaborative connesse in rete, divenendo cosciente di sé. Sarà quindi la singolarità a dividere la fase transumana da quella postumana. (Vatinno, 2010, p. 120-121)

Il tema del Transumanesimo e della singolarità tecnologica apre a numerosissimi dibattiti etici, filosofici ma anche religiosi e sociali. Irvin John Good, matematico e crittografo britannico, nel 1965 fornì un ottimo spunto di riflessione. Egli definiva una macchina ultra intelligente come «una macchina che può superare di gran lunga tutte le attività intellettuali della persona più intelligente. Dato che la progettazione di macchine è una di queste attività intellettuali, una macchina ultra intelligente potrebbe progettare macchine migliori; ci sarebbe quindi, senza ombra di dubbio, una "esplosione di intelligenza" e l'intelligen-

---

[2] Alan Turing nel 1950 scrisse un articolo dal titolo *Computing Machinery and Intelligence* che ha dato vita al cosiddetto test di Turing ovvero un test per valutare se una macchina opportunamente programmata è in grado di sostenere una conversazione nei modi tipici dell'essere umano.

za dell'uomo rimarrebbe molto indietro. Potremmo quindi dire che la prima macchina ultra intelligente sarebbe l'ultima invenzione che l'uomo avrebbe bisogno di realizzare, *ammesso che la macchina sia sufficientemente docile da dirci come tenerla sotto controllo*». (Good, 1966, p. 33)

1.3 Le tecnologie che cambieranno il futuro

All'interno dei paragrafi che seguono è mia intenzione stilare una rassegna – certamente non esaustiva, ma pur sempre rappresentativa – di tecnologie innovative contemporanee o imminenti.

Lo scopo di questa rassegna è duplice: da un lato vorrei evidenziare in che direzione il "progresso tecnologico" si sta muovendo nell'ambito dei servizi collegati all'infrastruttura di rete; dall'altra, data l'indubbia portata dei fenomeni, mettere in luce la necessità di dare il prima possibile un'impronta di sostenibilità ambientale (ma anche sociale ed etica) a tali servizi.

Resta fuori da questa lista l'e-commerce, tema di cui parlerò più diffusamente nel Capitolo 4.

1.3.1 Internet of Things

Il tema dell'*Internet of Things* (spesso abbreviato con *IoT*), negli ultimi anni, ha maturato una significativa attenzione sia nel mondo accademico che in quello dell'industria. Le principali ragioni di questo interesse sono le capacità che l'IoT offrirà nella quotidianità dell'uomo. Esso promette di creare un mondo in cui tutti gli oggetti intorno a noi (detti *smart object* o oggetti intelligenti), anche i più comuni, saranno connessi a Internet e in grado di comunicare gli uni con gli altri, con un intervento decisamente minimo dell'uomo.

L'obiettivo è quello di creare un "mondo migliore" dove gli oggetti intorno a noi sanno ciò che ci piace, quello che vogliamo e ciò di cui abbiamo bisogno per agire di conseguenza, senza istruzioni esplicite.

Il termine "Internet of Things" è stato coniato da Kevin Ashton nel 1998, egli disse: «L'internet delle cose ha il potenziale per cambiare il mondo, proprio come fece Internet. Forse ancora di più». L'IoT è stato poi formalmente introdotto nell'*ITU Internet Report* del 2005 dell'International Telecommunication Union. (Perera, Zaslavsky, Christen, & Georgakopoulos, 2014)

Applicazioni dell'Internet of Things

Le applicazioni dell'IoT sono moltissime, quelle descritte nelle prossime pagine sono esempi di realtà possibili, già in uso o implementabili in un arco di tempo relativamente breve. Queste possono essere raggruppate nelle seguenti aree:

- Trasporti e logistica;
- Sanità;
- Ambienti intelligenti;
- Personale e sociale.

Trasporti e logistica: Automobili, treni, autobus e biciclette possono essere equipaggiate di sensori che inviano e ricevono informazioni sul traffico, ottimizzando notevolmente la catena distributiva e la gestione dei depositi.

Dalla produzione ai siti di consumo, spesso, vi sono diverse migliaia di chilometri. Le merci alimentari deperibili, durante il trasporto, potrebbero subire alterazioni irreversibili. Grazie a queste tecnologie, invece, è possibile monitorare a distanza tutti i parametri opportuni che ne verificano la qualità e lo stato di conservazione (temperatura, umidità, ecc.).

Altre applicazioni interessanti per questo settore sono il *mobile ticketing* e le *mappe aumentate*.

Il mobile ticketing è il processo attraverso il quale i clienti possono ordinare, pagare, ottenere e convalidare i biglietti di viaggio utilizzando i telefoni cellulari o altri dispositivi mobili. Gli utenti, magari nei pressi di una stazione, possono ricevere automaticamente informazioni circa orari, percorsi, costi, numero di passeggeri, ritardi ecc. del mezzo di trasporto pubblico.

Le mappe tradizionali utilizzate dai turisti potrebbero venire soppiantate dalle cosiddette mappe aumentate ovvero delle mappe in cui è possibile ottenere in tempo reale informazioni aggiornate circa eventi, alberghi, ristoranti e monumenti. Queste informazioni vengono solitamente rappresentate in realtà aumentata, tema di cui avremo modo di parlare nei prossimi paragrafi.

Sanità: Molti sono anche i vantaggi e le applicazioni dell'Internet delle cose in ambito sanitario. Prima fra tutte il *tracking* ovvero una tecnologia che ha lo scopo di individuare una persona o un oggetto in movimento. Questa funzione include il tracciamento in tempo reale della posizione dei pazienti (utile nei casi di monitoraggio del flusso degli stessi all'interno delle strutture sanitarie). Nel caso di oggetti invece, sempre attraverso il tracking, è possibile monitorare lo stoccaggio e l'utilizzo dei medicinali o del materiale (anche biologico).

Le tecnologie potrebbero aiutare i medici e gli addetti sanitari a individuare in maniera inequivoca i pazienti presenti nella struttura evitando scambi di identità (si pensi ai neonati) o la somministrazione di medicinali/cure errate.

I dati (di diversa natura, biologica e non) potrebbero essere raccolti, trasmessi ed elaborati in maniera automatica, facilitando le diverse operazioni e rendendo i parametri di analisi più completi.

Ambienti intelligenti: Viene definito come *ambiente intelligente* un ambiente in cui l'intelligenza degli oggetti in esso contenuti facilita il lavoro dell'uomo. I sensori distribuiti all'interno di questi ambienti possono rendere la nostra vita più comoda in diversi modi: Il riscaldamento delle stanze può essere adattato in base alle nostre preferenze e agli agenti atmosferici; l'illuminazione delle abitazioni può variare a seconda dell'ora del giorno; le procedure di soccorso negli incidenti domestici possono essere facilitate da adeguati sistemi di allarme e monitoraggio; l'energia può essere risparmiata disattivando automaticamente apparecchiature elettriche inutilizzate.

Nei luoghi di svago (si pensi alle palestre), i personal trainer possono caricare sulle macchine un profilo di esercizi personalizzato in base all'utente in allenamento. Quest'ultime proporranno tali esercizi all'utente (riconosciuto automaticamente) monitorandone e registrandone le performances.

Personale e sociale: Le applicazioni relative a questa categoria appartengono alle modalità con cui l'uomo potrà interagire con gli altri utenti nei social networks per costruire o mantenere relazioni sociali. Si può pensare ad esempio a una applicazione di social networking che avvisa i propri contatti automaticamente circa cosa stiamo facendo o dove ci troviamo. Potremmo per esempio immaginare che i nostri familiari, mentre stiamo tornando a casa da lavoro, sanno esattamente quanto manca al nostro arrivo.

Attraverso query storiche, effettuate su dati ed eventi passati, è possibile analizzare come, quanto e con chi abbiamo speso il nostro tempo. Questo potrebbe risultare molto utile per i progetti di business a lungo termine.

Un motore di ricerca, infine, potrebbe ricordarci dove abbiamo lasciato degli oggetti e impedirne i furti avvisandoci tempestivamente qualora questi siano usciti da un perimetro di sicurezza precedentemente stabilito. (Atzori, Iera, & Morabito, 2010)

1.3.2 Big Data

Con *Big Data* si è soliti descrivere una collezione di dati di grandezza e complessità tale da richiedere una potenza di calcolo notevole per poter svolgere attività sui dati stessi come l'acquisizione, l'analisi e la loro eventuale visualizzazione o condivisione. (Bandiera, 2014, p. 123-127)
I dati sono quindi disponibili in enormi volumi, si presentano con formati destrutturati e caratteristiche eterogenee e spesso vengono prodotti con estrema velocità. *Volume, varietà* e *velocità* sono dunque i fattori che li identificano.

Volume: I dati possono essere generati o dagli utenti attraverso gli strumenti tipici del Web 2.0 o da apparecchi elettronici (sensori, DCS, RFID, dati astronomici, dati meteorologici, ecc.). Uno dei principi chiave per operare con i big data è l'immagazzinamento di tutti i dati originali indipendentemente da un utilizzo immediato. Ogni operazione di pulizia o scarto potrebbe portare all'eliminazione di dati utili in futuro.

L'*International Data Corporation* (abbreviato con IDC) stima che entro il 2020 l'insieme di tutti i dati digitali creati e consumati in un anno sarà pari a 40 zettabyte.

Tra le tecnologie open source più utilizzate per l'analisi di questi dati troviamo Apache Hadoop. Esso si basa su un file system distribuito su più server detto HDFS (*Hadoop Distributed File System*) e sul framework *MapReduce* in grado di suddividere il calcolo dell'interrogazione su più nodi.

Varietà: La diversità dei formati dei dati e l'assenza di una struttura che impedisce di rappresentarli attraverso un database relazionale sono la seconda caratteristica dei big data. L'eterogeneità di formati, strutture e fonti da cui sono stati originati i dati rende difficoltoso il processo di utilizzo con gli strumenti tradizionali. Per il salvataggio dei big data spesso si ricorre a database NoSQL che non impongono rigidità di schema.

Velocità: La velocità con cui le fonti generano nuovi elementi, terza caratteristica tipica dei big data, richiede l'utilizzo di strumenti in grado di tenerne il passo. Le tecnologie a cui si è soliti fare riferimento vengono dette *complex event processing*. Un esempio è *Microsoft StreamInsight*, un framework che consente di sviluppare applicazioni per il monitoraggio da più fonti di dati, analizzandoli in modo incrementale e con una bassissima latenza. (Rezzani, 2013, p. 19-23)

Applicazioni dei Big Data

Diversi casi di utilizzo dei big data dimostrano che essi portano numerosi vantaggi economici alle aziende che li adoperano all'interno del loro business. Occorre però valutare i costi da sostenere per implementare questa tecnologia che comprende anche hardware o soluzioni in cloud computing.
I contesti in cui si può parlare di big data sono moltissimi e sono:

- Le tecnologie RFID (*Radio Frequency Identification*): Si è soliti utilizzare la tecnologia RFID per l'identificazione automatica di oggetti, animali o persone basata su dispositivi elettronici detti *tag* e capaci di rispondere all'interrogazione da parte di lettori fissi o portatili a radiofrequenza. Ogni tag identifica in modo univoco un oggetto. La tecnologia RFID è strettamente collegata all'internet delle cose e infatti trova impiego in: automatizzazione degli inventari, bigliettazione elettronica, logistica, passaporti, antitaccheggio, rilevazione di parametri ambientali, controllo della temperatura degli alimenti durante le spedizioni e molto altro. La tecnologia RFID rappresenta un ottimo esempio di fonte di big data: i tag generano un'enormità di dati che possono essere raccolti e analizzati.

- Dati provenienti dal web: I dati provenienti dal Web includono un potenziale informativo elevatissimo. Blog, tweet e commenti sui social network permettono alle persone di esprimere le proprie idee sui prodotti o servizi forniti dalle aziende. Gli stessi possono fornire indicazioni sui trend di pensiero delle masse consentendo di fare analisi sui climi di opinione, utili nelle elezioni politiche. I servizi di intelligence, infine, attraverso il monitoraggio automatico sui siti web e sui social network, possono individuare minacce per la sicurezza delle nazioni.

- Dati geografici GIS (*Geographic Information System*): I dati GIS sono spesso utilizzati per arricchire le analisi dei big data. Mappare l'origine geografica dei messaggi dei social network può aiutare le organizzazioni o le aziende a monitorare l'ambiente in cui operano. (Rezzani, 2013, p. 25-32)

Machine Learning

Il *machine learning* è un ramo dell'intelligenza artificiale che si occupa della creazione di sistemi in grado di imparare e fare deduzioni da basi di dati. Nel processo di apprendimento umano l'uomo cerca di generalizzare un'esperienza per ricavarne regole utili e applicabili in altre situazioni. Allo stesso modo, nel machine learning, si cerca di realizzare un algoritmo in grado di analizzare un primo set di dati, dopodiché la macchina sarà in grado di completare autonomamente l'analisi.

Le tecniche di machine learning sono utilizzate in numerosi settori attinenti alle ricerche scientifiche o problematiche di marketing. Di quest'ultime citiamo:

- La *churn analysis*: per determinare i clienti che presentano un'alta probabilità di passare alla concorrenza, al fine di intervenire in anticipo ed evitarne la migrazione.
- La *segmentazione della clientela*: per individuare segmenti di potenziali clienti a cui applicare strategie di marketing differenziate.
- Le *campagne pubblicitarie mirate*: L'utilizzo del data mining nell'ambito delle campagne di marketing mirate consente di stabilire a priori quali siano tra i prospect quelli con maggior probabilità di acquistare i prodotti dell'azienda.
- La *Market basket analysis*: utili per definire il posizionamento dei prodotti sugli scaffali o a suggerire prodotti in base ai comportamenti di acquisto abituali.

Esistono poi due gruppi di tecniche e algoritmi di machine learning:

- Il *supervised learning*: in cui l'algoritmo di apprendimento utilizza dati già categorizzati al fine di predire il valore

della categoria per i nuovi elementi. Il dataset di traning dell'algoritmo contiene quindi sia i dati di input sia il risultato.
- L'*unsupervised learning*: in questa tecnica l'apprendimento avviene senza la conoscenza di ciò che è corretto e ciò che è sbagliato. Il dataset di traning non contiene categorizzazioni dei dati.

Per il machine learning è noto l'impiego di *Mahout*, una libreria open source di machine learning particolarmente adatta a processare dataset che non possono essere elaborati da una sola macchina (per questa ragione si appoggia ad Hadoop). Il software è scritto in Java, non possiede un'interfaccia utente, ma soltanto librerie e tool a riga di comando. (Rezzani, 2013, p. 212-230)

1.3.3 Web Semantico

Il World Wide Web è stato originariamente progettato per ospitare un'ampia gamma di informazioni. Una delle lacune del concetto originale è che il Web fu pensato come un mezzo di distribuzione di informazioni destinate al consumo da parte di esseri umani e non per essere interpretate e consumate da parte di macchine. Il Web semantico è si pone come tentativo di porre rimedio a questo inconveniente.

Il *Web semantico* è un ambiente in cui ai documenti online possono essere associati dei metadati. I metadati hanno il compito di rendere il contenuto di un documento più facilmente interpretabile e interrogabile dalle macchine. Il Web semantico è fa parte di quelle iniziative che porterebbero a un futuro in cui le macchine possono lavorare in modo autonomo.

Oggi nel Web sono presenti miliardi di risorse. Per rispondere al bisogno informativo, gli utenti, ricorrono all'uso di motori di ricerca come Google che utilizzano tecniche relativamente semplici (o che comunque, in linea di massima, poco hanno a che vedere con il significato reale delle risorse stesse)[3] per restituire dei risultati di ricerca (delle liste di risorse attinenti la nostra query) alcune volte non del tutto soddisfacenti. (Di Noia, De Virgilio, Di Sciascio, & Donini, 2013, p. xi-27)

---

[3] Le tecniche note vanno dal semplice trovare le parole presenti nell'interrogazione di tutti i documenti, al cercare di definire il concetto di rilevanza mediante conteggio di parole (un documento che contiene molte volte un termine sarà rilevante per ricerche basate su quel termine) o attraverso il PageRank ovvero una valutazione e un conteggio degli hyperlink che puntano alle risorse.

L'architettura complessiva del Web semantico è ancora in definizione, ma numerosi aspetti di essa sono ormai chiaramente delineati e resi standard attraverso alcuni linguaggi. Mi limito a descrivere brevemente i principali: RDF, RDF-S, OWL e SKOS.

Il *Resource Description Framework* (abbreviato con RDF) che permette di descrivere le relazioni che intercorrono tra oggetti. Esso prende in considerazione solo relazioni binarie, le più semplici, nelle quali un *soggetto* e un *oggetto* sono messi in una certa relazione tra loro da un *predicato*. La sequenza soggetto, predicato, oggetto viene denominata *tripla*. Un esempio in italiano potrebbe essere "Mario ha 30 anni", dove il soggetto è Mario, l'oggetto è il numero 30, e la relazione tra i due è l'età. RDF si pone quindi a cavallo tra le discipline della linguistica, della logica, e dell'informatica.

RDF Schema (abbreviato con RDF-S) che permette di superare alcune limitazioni di RDF, in particolare questo linguaggio permette di strutturare vocabolari RDF ovvero definisce un insieme di risorse RDF da usare per descrivere caratteristiche di altre risorse e proprietà RDF.

Il *Web Ontology Language* (abbreviato con OWL) che è un linguaggio di markup per rappresentare esplicitamente significato e semantica di termini con vocabolari e relazioni tra gli stessi.

Il *Simple Knowledge Organization* System (abbreviato con SKOS) aggiunge a RDF/RDF-S alcune classi e molti predicati utili a far migrare nel Web semantico raccolte preesistenti di termini correlati come tesauri, tassonomie, soggettari. (Di Noia, De Virgilio, Di Sciascio, & Donini, 2013, p. 29-64)

1.3.4 Interfacce percettive e eye tracking

Le interfacce percettive forniscono al computer percezioni sensoriali simili a quelle umane. La comunicazione uomo-computer mira perciò a divenire simile, se non uguale, alla comunicazione tra esseri umani conducendola verso l'affermazione del paradigma dell'interazione naturale. L'*interfaccia utente naturale* è un termine utilizzato dagli sviluppatori per fare riferimento ad un'interfaccia utente che è completamente invisibile o che lo diventa, agli utenti, nel corso delle interazioni.

L'*eye tracking*, in questo senso, si propone come una tecnologia particolarmente innovativa che ci permette di misurare i movimenti oculari (saccadi e fissazioni) tramite appositi dispositivi detti eye tracker e di utilizzare le informazioni raccolte anche per l'interazione uomo-macchina. In generale esistono due tipi di tecniche di monitoraggio del movimento oculare: quelli che misurano la posizione dell'occhio rispetto alla testa e quelle che misurano l'orientamento dell'occhio nello spazio.

Esistono poi quattro grandi categorie di metodologie di misurazione dei movimenti oculari:

- *elettro-oculografia* (abbreviato con EOG),
- *Lenti a contatto sclerali*/bobina sclerale,
- *foto-oculografia* (abbreviato con POG) o video-oculografia (abbreviato con VOG),
- *riflessione pupillare-corneale combinata*.

L'*elettro-oculografia* è un metodo utilizzato fin dagli anni '60 ed è basato sulla misura delle differenze di potenziale elettrico rilevati da quattro elettrodi posti su pelle rispettivamente posizionati sopra, sotto, a destra e a sinistra dell'occhio. Questa metodologia, pur non permettendo misurazioni di elevata precisione ed essendo strettamente legata alla posizione della testa, risulta comunque economica nonché l'unica applicabile nello studio dei movimenti oculari durante il sonno.

Il metodo basato sulle *lenti a contatto sclerali* è uno tra i più precisi ma anche tra i più invasivi. In questa tecnica, su di una particolare lente a contatto (che copre necessariamente sia la cornea che la sclera) è montato un filamento elettrico collegato ad una bobina che misura le variazioni di campo elettromagnetico.

La *foto-oculografia* e la *video-oculografia* raggruppano invece alcune tecniche meno invasive basate sulla misurazione di caratteristiche distinguibili negli occhi durante i movimenti. Quest'ultimi vengono registrati tramite sequenze fotografiche o riprese video da una camera montata sul soggetto.

Le tecniche non invasive di eye tracking basate sulla *riflessione pupillare-corneale combinata* sfruttano invece la riflessione di una radiazione luminosa infrarossa (IR) di piccola potenza inviata sull'occhio. Mediante sensori ottici sensibili allo spettro infrarosso sono misurati i cambiamenti nella quantità di luce riflessa dall'occhio, da cui è possibile risalire ai movimenti oculari. Il vantaggio di utilizzare la luce all'infrarosso in alternativa alla luce naturale è la comodità del soggetto sottoposto al tracciamento oculare, giacché essa è invisibile e la qualità dell'immagine dell'occhio non viene influenzata da interferenze. Una volta identificata la posizione della pupilla (tramite la tecnica detta *bright pupil* con cui viene illuminato il fondo oculare), la direzione dello sguardo è ottenuta attraverso i riflessi corneali (detti *purkinje*) e pupillari realizzati tramite infrarossi.

Dopo una fase di calibrazione in cui vengono ricercate corrispondenze tra i punti osservati dal soggetto e la posizione dei riflessi sulla cornea hanno inizio le analisi che garantiscono una stima precisa dello sguardo e delle azioni compiute rispetto all'oggetto in osservazione. (Duchowski, 2007, p. 51-59)

Applicazioni dell'eye tracking

Le applicazioni dell'eye tracking sono sia di tipo diagnostico che interattivo. Esse possono essere raccolte nelle seguenti categorie:

- Neuroscienze e psicologia;
- Ingegneria industriale;
- Marketing e pubblicità;
- Interazione uomo-macchina e disabilità motorie.

Neuroscienze e psicologia: I sistemi eye-tracking vengono utilizzati, in ambito di ricerca in psicologia e delle neuroscienze, per creare modelli che relazionano la posizione fissata da un soggetto alle facoltà di lettura, apprendimento e comprensione.

Ingegneria industriale: I sistemi eye tracking permettono analisi particolarmente interessanti nella valutazione degli ambienti di lavoro. I metodi di misurazione tradizionali delle performance umane spesso includono misure di tempo di reazione e la precisione come, ad esempio, quanto velocemente una persona completa un compito e la qualità con cui essi sono stati eseguito. In queste analisi, i movimenti oculari presentano misure in più che possono fornire approfondimenti di aspetti visivi, cognitivi e di attenzione delle prestazioni umane. Qui i tre grandi ambiti sperimentali sono applicati all'aviazione, la guida e l'ispezione visiva.

Marketing e pubblicità: Vengono effettuati studi per ottimizzare il posizionamento dei marchi dei prodotti. In pratica le pubblicità vengono inserite nelle aree dove dalle analisi è risultato che i soggetti prestano maggiore attenzione o un maggior numero di fissazioni.

Interazione uomo-macchina e disabilità motorie: Uno dei campi di maggior utilizzo dei sistemi di eye-tracking è lo studio dell'ergonomia dei prodotti.

In ambito di usabilità del web, invece, si può ottenere un miglioramento dell'interfaccia (il sito web) determinando delle linee guida da rispettare per permettere l'accessibilità dei siti web anche a persone ipovedenti o con disabilità motorie (tipologia e dimensione dei caratteri da utilizzare, abbinamenti cromatici adatti, spazi tra le diverse informazioni, ecc.).

Dalla semplice rappresentazione di una tastiera su schermo collegata ad un sistema di sintesi vocali, all'utilizzo di un complesso linguaggio simbolico per esprimere le necessità, le tecnologie eye tracking danno la possibilità a persone affette da inabilità motorie gravi di utilizzare un personal computer. Il personal computer può eseguire programmi ad hoc che consentono all'utente di comunicare e di interagire con le persone e l'ambiente circostante. (Duchowsky, 2002)

1.3.5 Cloud Computing

Il *cloud computing* è un modello di tecnologia che, per mezzo della rete, permette di abilitare l'accesso diffuso, agevole e a richiesta ad un insieme di risorse di elaborazione (come reti, server, memoria, applicazioni e servizi di diversa natura) che possono essere acquisite e rilasciate rapidamente e con minimo sforzo di gestione o di interazione con il fornitore dei servizi. Questo modello si compone di cinque caratteristiche essenziali, tre modalità di servizio e quattro modelli di distribuzione.

Caratteristiche essenziali:

- *Self-service su richiesta*: Il consumatore può richiedere autonomamente e automaticamente le capacità di calcolo necessarie per i suoi scopi senza avere necessità alcuna di interazioni umane con i fornitori dei servizi.
- *Ampio accesso in rete*: Le capacità di calcolo sono disponibili attraverso qualsiasi dispositivo connesso alla rete.
- *Condivisione delle risorse*: Le risorse di calcolo del fornitore sono messe in comune per servire molteplici consumatori utilizzando un modello condiviso detto modello multi-tenant. Le diverse risorse fisiche vengono poi virtualmente divise e assegnate dinamicamente in base alla domanda. L'utente non generalmente non ha controllo o conoscenza dell'esatta ubicazione delle risorse a lui fornite.

- *Elasticità rapida*: Le risorse possono essere acquisite e rilasciate elasticamente, (in alcuni casi anche automaticamente).
- *Servizio misurato*: I sistemi cloud controllano e ottimizzano automaticamente l'uso delle risorse.

Modalità di servizio:
- Software come Servizio (o *Software as a Service*, abbreviato con SaaS): Al consumatore è data la possibilità di utilizzare le applicazioni del fornitore funzionanti su un'infrastruttura cloud. Le applicazioni sono accessibili da diversi dispositivi, mobili o fissi, purché connessi alla rete, attraverso un'interfaccia leggera (detta thin client). Il consumatore non gestisce e non può controllare l'infrastruttura cloud sottostante.
- Piattaforma come Servizio (o *Platform as a Service*, abbreviato con PaaS): Al consumatore è data la possibilità di distribuire sull'infrastruttura cloud applicazioni create in proprio oppure acquisite da terzi, utilizzando linguaggi di programmazione, librerie, servizi e strumenti supportati dal fornitore. Il consumatore non gestisce né

controlla l'infrastruttura cloud sottostante, il fornitore funge quindi da soggetto ospitante.

- Infrastruttura come Servizio (o *Infrastructure as a Service*, abbreviato con IaaS): Al consumatore è data la possibilità di acquisire elaborazione, memoria, rete e altre risorse fondamentali di calcolo, inclusi sistemi operativi e applicazioni. Il consumatore, anche qui, non gestisce né controlla l'infrastruttura cloud sottostante, ma gli è data la possibilità di controllare i sistemi operativi, la memoria, le applicazioni ed eventualmente alcuni componenti di rete come i firewalls.

Modelli di Distribuzione:
- *Cloud privata*: L'infrastruttura del cloud è fornita per un uso esclusivo da parte di una sola organizzazione comprendente ad esempio numerose filiali.
- *Cloud comunitaria*: L'infrastruttura del cloud è fornita per uso esclusivo da parte di una comunità di organizzazioni con interessi comuni.
- *Cloud pubblica*: L'infrastruttura del cloud è fornita per un uso aperto a qualsiasi consumatore.

- *Cloud ibrida*: L'infrastruttura del cloud è una composizione di due o più infrastrutture (privata, comunitaria o pubblica) che, pur rimanendo entità distinte, vengono unite attraverso tecnologie standard o proprietarie, che abilitano la portabilità di dati e applicazioni. (Tharam, Wu, & Chang, 2010)

Alcuni importanti fornitori di servizi cloud sono per esempio Aruba Cloud, Amazon Web Services, Microsoft Windows Azure, Google App Engine e Dropbox.

1.3.6 Peer-to-Peer e Grid Computing

Il *Peer-To-Peer* (o P2P) è una architettura di rete distribuita, volta alla condivisione di risorse, in cui più computer sono interconnessi tra loro con capacità e responsabilità equivalenti. I *peer* (ovvero i singoli dispositivi connessi) non appartengono ai fornitori dei servizi ma sono elaboratori (fissi o mobili) controllati dagli utenti.

Il modello si pone come alternativo a quello *client-server* in cui alcune macchine sono dedicate esclusivamente a servirne altre. In una distribuzione di file di tipo client-server (o *host-centric*), infatti, nel momento in cui più utenti richiedono delle risorse in rete, il server (l'host centrale) deve inviare una copia di tali risorse tante volte quanti sono i client che le hanno richieste. Questo, oltre a costituire un grosso impiego di risorse computazionali al server, grava nel traffico di rete.

In una architettura P2P, invece, ciascun peer può redistribuire agli altri qualsiasi porzione del file abbia ricevuto, prendendo parte al processo di distribuzione.

BitTorrent è uno dei protocolli P2P più diffusi per la distribuzione di file. Nel linguaggio comune di BitTorrent l'insieme di tutti i peer che partecipano alla distribuzione di un file è chiamato *torrent*. Gli utenti, che si sono inseriti in un torrent, scaricano delle parti del file (detti anche *chunk*) delle dimensioni di 256 kbyte l'una. Col passare del tempo, il peer che è entrato a far parte di questo torrent, accumula e scambia più chunk fino a completare il download. A questo punto l'utente potrà decidere se restare nel torrent e continuare ad aiutare gli altri peer o uscirne. (Kurose & Ross, 2013, p. 137-143)

Secondo questa stessa filosofia può essere distribuita anche la capacità di calcolo dei dispositivi connessi a una rete. Il concetto di elaborazione distribuita viene chiamato *grid computing*.

Il grid computing è la capacità di affrontare problemi di calcolo complessi e voluminosi su vasta scala, sfruttando la potenza e le risorse inutilizzate di un gran numero di dispositivi, appartenenti a diversi utenti o enti, interconnessi da una infrastruttura di rete. Questo approccio permette il raggiungimento di una potenza di calcolo spesso superiore a quella dei "supercomputer" ed a condizioni economiche decisamente vantaggiose. La macro-elaborazione viene suddivisa in tante piccole parti e distribuita agli utenti che, attraverso un software che opera prevalentemente in background al dispositivo, ne possono verificare lo stato ed impostare i parametri di consumo.

Il grid computing si sta rilevando uno stimolo per molte applicazioni non solo di ricerca ma anche commerciali (modelli finanziari, modelli metereologici, esplorazione dello spazio e ricerche di tipo medico). Emblematici, solo per citarne alcuni, il caso di *SETI@home* per l'analisi di segnali radio provenienti da possibili extra-terrestri, *ClimatePrediction.net* per la ricerca sui cambiamenti climatici, *Rosetta@Home* che si propone di combattere malattie come HIV, malaria, cancro e morbo di Alzheimer tramite lo studio delle proteine. (Nambisan & Sawhney, 2008, p. 15)

1.3.7 Realtà aumentata e realtà virtuale

Per *realtà aumentata* (in inglese *augmented reality*, abbreviato con *AR*), si intende l'arricchimento della percezione sensoriale umana mediante la manipolazione elettronica delle informazioni naturalmente percepite dai cinque sensi dell'uomo.

La realtà viene quindi arricchita di "elementi artificiali" che si sovrappongono a quelli reali per presentare una situazione più chiara, più utile o semplicemente più divertente. Nella *realtà virtuale* (in inglese *virtual reality*, abbreviato con *VR*), invece, le persone si trovano completamente immerse in un contesto virtuale. Quindi mentre nella realtà aumentata la persona continua a percepire la comune realtà ma usufruisce in informazioni aggiuntive, nella realtà virtuale nulla è reale.

Thomas Caudell e David Mizell, nel 1992, furono i primi ad utilizzare il termine augmented reality all'interno dell'articolo *"Augmented reality: an application of heads-up display technology to manual manufacturing processes"*. I due, ricercatori in una azienda costruttrice di aeromobili Boeing, definirono la realtà aumentata come una sovrapposizione di materiale generato dal computer al mondo reale. La loro idea fu di assistere i meccanici che operavano nella costruzione dei Boeing attraverso l'uso di head-mounted display (HMD) in grado di visualizzare gli schemi progettuali in semitrasparenza. (Caudell & Mizell, 1992)

La definizione fu poi approfondita nel 1994 da Paul Milgram e Fumio Kishino che introdussero il concetto di "Reality-Virtuality Continuum" ovvero l'idea che in un continuum tra ambiente reale (R) e ambiente virtuale (V) esistano delle condizioni intermedie facenti parte della *mixed reality* (MR). La mixed reality rappresenta perciò tutte quelle condizioni in cui reale e virtuale si fondono. Il variare della predominanza di reale o virtuale implica una classificazione per la composizione come realtà aumentata o realtà virtuale. (Milgram & Fumio, 1994)

Nel 2002 Steve Mann estende il Reality-Virtuality Continuum ad una seconda dimensione detta *Mediality* che quantifica l'entità delle modifiche effettuate sulla realtà. (Mann, 2002)

Applicazioni della Realtà aumentata

Le applicazioni dell'AR possono essere raggruppate nelle seguenti aree:
- Ambito medico;

- Fabbricazione e riparazione;
- Annotazione e visualizzazione;
- Programmazione dei percorsi per robot;
- Ambito militare;
- Intrattenimento.

Ambito medico: I medici potrebbero utilizzare l'AR come aiuto in interventi chirurgici complessi. Raccogliendo set di dati 3D dal paziente (tramite sistemi non invasivi come risonanze magnetiche, tomografie computerizzate o ecografie) il medico potrebbe sovrapporre e combinare questi dati sull'area dell'operazione chirurgica da effettuare fornendo una sorta di "visione a raggi X e in tempo reale" sul malato, minimizzando le incisioni.

L'AR potrebbe essere utile anche per scopi di addestramento o formazione. Le istruzioni virtuali potrebbero ricordare ad un chirurgo inesperto tutti i passaggi necessari durante l'intervento senza il bisogno di distogliere lo sguardo dal paziente o di consultare un manuale.

Fabbricazione e riparazione: Un'altra categoria di applicazioni per l'AR è nel montaggio e la riparazione di macchinari complessi. Le istruzioni, se disponibili come disegni 3D sovrapposte al dispositivo reale potrebbero mostrare le operazioni che devono essere fatte passo passo, risultando potenzialmente più comprensibili rispetto a un semplice manuale composto di solo testo e immagini.

Annotazione e visualizzazione: L'AR potrebbe essere utilizzata per annotare ad oggetti e ambienti informazioni pubbliche o private. Le applicazioni che utilizzano informazioni pubbliche presuppongono la disponibilità di banche dati pubbliche da cui attingere. Si pensi ad esempio ai Google Glass o ad un display portatile che fornisce informazioni sul contenuto degli scaffali di un supermercato o sui libri di una biblioteca.

Programmazione dei percorsi dei robot: Radiocomandare un robot è spesso un problema difficile, specialmente quando il robot è lontano, portando a un notevole ritardo nella comunicazione. In questa circostanza, invece di controllare direttamente il robot, può essere preferibile controllare una versione virtuale del robot. L'utente progetta e specifica le azioni che il robot deve compiere, manipolando la versione virtuale locale, in tempo reale. I risultati vengono visualizzati direttamente sul mondo reale. Una volta che un piano è testato e determinato, allora l'utente dice al robot reale di eseguire il piano specificato.

Le versioni virtuali possono anche prevedere gli effetti di manipolazione sull'ambiente, quindi fungono da strumento di anteprima.

Ambito Militare: Per molti anni, aerei militari ed elicotteri hanno usato Head-Up Displays (detti HUD) e Helmet-Mounted Sights (detti HMS) per sovrapporre la
grafica vettoriale alla vista del mondo reale del pilota. Oltre a fornire informazioni sulla navigazione e il volo, queste immagini possono contenere gli obiettivi nell'ambiente, fornendo un modo per puntare le armi del velivolo. Per esempio, la torretta in un
elicottero da combattimento può essere associata all'HMS del pilota, in modo che il pilota possa mirare semplicemente guardando il bersaglio. Le future generazioni di aerei da combattimento saranno sviluppati con un HMD incorporato nel casco del pilota.

Intrattenimento: Appartengono a questa categoria l'uso del croma key (ovvero la possibilità di sostituire ad un'area di sfondo volutamente blu o verde con altre immagini, anche in movimento) (Azuma, 1997), le applicazioni dell'AR nei videogames e nei social networks (ad esempio Snapchat). Al momento in cui scrivo (Luglio 2016), per esempio, sta riscuotendo un grandissimo successo il videogioco per smartphone "Pokèmon GO" che permette di visualizzare e catturare i noti personaggi animati pokèmon nell'ambiente reale, simulandone la presenza nelle immagini della fotocamera.

1.3.8 La didattica online: le piattaforme e-learning e i MOOC

L'*e-learning* è una delle più interessanti rivoluzioni in atto all'interno dei servizi del web. Lo sviluppo dei computer e delle comunicazioni elettroniche ha rimosso le barriere di spazio e tempo, grazie a questo oggi siamo in grado di ottenere e fornire conoscenze sempre e dovunque.

L'e-learning può essere definito come l'uso della tecnologia di rete per fornire informazioni o istruire le persone.

La maggior parte dei portali e-learning è di natura *asincrona*. Nei portali asincroni il materiale a disposizione degli utenti è "pre-registrato" e visualizzabile in qualsiasi momento della giornata e potenzialmente da qualsiasi device connesso alla rete. Meno comune sono le forme di e-learning *sincrone* dove il materiale viene realizzato in "live" (si pensi a delle lezioni) e che richiede la presenza di tutti gli studenti allo stesso tempo.

Il *blended learning* è un approccio ibrido di e-learning in cui convivono forme insegnamento sincrone e asincrone.

Vi sono diversi approcci/livelli di sofisticazione degli e-learning asincroni. Meno sofisticati sono quei portali da cui è possibile scaricare documenti o diapositive in PowerPoint. Applicazioni più sofisticate permettono invece interazione e coinvolgimento dello studente attraverso test di apprendimento, forum di discussione ma anche grafica, animazione, video e audio.

I vantaggi dell'e-learning sono molteplici:

- La possibilità di fornire una formazione unica e coerente tra più sedi di una organizzazione.
- Una più facile gestione degli spazi. Se per esempio si devono formare 1000 persone ma si dispone solo di un'aula da 20 posti, ci vorrebbero moltissime settimane

prima di completare l'impresa, con l'e-learning questo problema è aggirato.
- A condizione che si dispongano delle tecnologie, l'e-learning è più vantaggioso economicamente sia per le organizzazioni che per lo studente. Quest'ultimo può prendere visione del materiale nel tempo e nello spazio che più preferisce.

  Le organizzazioni non hanno più la necessità di pagare il trasporto dei loro dipendenti dall'azienda alla classe, riducendo anche i tempi necessari al processo di formazione stessa.
- I sistemi e-learning sono in grado di tenere traccia automaticamente della presenza e di monitorare i risultati dei singoli studenti. (Welsh, Wanberg, Brown, & Simmering, 2003)

In Italia, oltre alle realtà interne alle singole organizzazioni e ai siti dedicati, sono presenti ben 11 università telematiche non statali che rilasciano titoli di legalmente riconosciuti e che sfruttano queste tecnologie.[4]

---

[4] Università degli Studi "Guglielmo Marconi", Università degli Studi "Niccolò Cusano", Università telematica e-Campus, Università telematica Giustino Fortunato, Università telematica internazionale "UniNettuno", Università

È utile, ai fini di questa trattazione, citare anche i *Massive Open Online Courses* (abbreviato con MOOC). I MOOC sono una recente tendenza popolare nel panorama dell'apprendimento online che ha le sue radici nell'*Open Educational Resources* (abbreviato con OER). Il termine MOOC è stato coniato nel 2008 nel corso *Connectivism and Connective Knowledge* (CCK08) del professor George Siemens della Athabasca University. Con MOOC si intende un corso dotato delle seguenti caratteristiche:

- Massive: rivolto a tutti, senza alcun limite alla partecipazione;
- Open: gratuito e accessibile a chiunque possieda una connessione ad Internet;
- Online: fruibile per mezzo di Internet;
- Courses: strutturato attorno a una serie di obiettivi di una determinata area di studio. (Wulf, Blohm, Brenner, & Leimeister, 2014)

Oltre alle realtà internazionali come la Khan Academy, Coursera (Università di Stanford), Udacity, EdX (Università di Harvard) e Iversity, anche in Italia esistono diverse piattaforme gratuite e

---

telematica San Raffaele, Università telematica Leonardo da Vinci, Università telematica UNITELMA Sapienza, Università telematica "Italian University Line", Università telematica "Pegaso", Università telematica Universitas Mercatorum.

aperte come la Ca' Foscari Open Knowledge, Federica WebLearning, Polimi Open Knowledge, Trio e Eduopen.

1.4 Assuefazione tecnologica

Vista questa panoramica sulle tecnologie imminenti o relativamente nuove legate al mondo del Web e di Internet è mio dovere precisare che intendo mantenere ancora aperto il dibattito etico circa quanto sia giusto o sbagliato sperare in un prosperoso sviluppo di tali tecnologie. L'unica certezza che abbiamo è che è sostanzialmente impossibile pensare di tornare indietro o di frenare il progresso.

In un'accezione di critica alla tecnologia, alcuni autori[5] parlano del concetto di *assuefazione tecnologica*. In effetti è difficile negare l'esistenza (praticamente per tutti) di un vero e proprio rapporto di dipendenza dalla tecnologia. Oggi ci è molto difficile fare a meno di strumenti e apparecchiature tecnologiche per moltissime attività: domestiche, lavorative, scientifiche e culturali.

---

[5] Per esempio Enrico Grassani in *Assuefazione tecnologica. Metamorfosi del sistema uomo-macchina* edito da Editoriale Delfino; Giuseppe O. Longo in *Homo technologicus* edito Meltemi.

Donald A. Norman, professore emerito al MIT, psicologo e informatico, scrive: «Oggi direi piuttosto che le persone sono diventate schiave della loro tecnologia, serve dei loro strumenti [...] non solo dobbiamo servire i nostri strumenti, usandoli fedelmente per tutto il giorno, manutenendoli, pulendoli, confortandoli, ma ne seguiamo allegramente le direttive, anche quando ci portano verso il disastro» (Norman, Il design del futuro, 2008, p. 92)

Personalmente, nonostante la mia passione per la tecnologia e pur non riconoscendomi in visioni decisamente pessimistiche come quelle di Grassani, trovo che questa affermazione di Norman abbia invece un grande fondo di verità. Non è affatto difficile incontrare persone che ripongono sentimenti di fiducia (e a volte anche di affetto) nei confronti dei loro apparecchi tecnologici o nei marchi ad essi associati. Alcune volte ci ritroviamo sommersi da apparecchi o oggetti le cui potenzialità sono note solo in minima parte, oggetti dall'obsolescenza programmata e le cui funzionalità non sono realmente utili alla vita di tutti i giorni o di cui se ne può fare tranquillamente a meno. Altre volte, e qui penso anche ad alcuni rami della pubblica amministrazione, secondo una mia impressione, il digitale ha reso complesse attività dapprima banali per il solo piacere di poter dire che le stesse sono state svolte con forme digitali, ignorando il *digital divide* e spesso anche molti principi base della *user experience*.

La mia speranza è che questa sia solo una fase di transizione che porti a un mondo meno complesso e più ordinato. Uno sviluppo razionale quindi che, come vedremo nei prossimi capitoli, è necessario pensare anche su di un piano ambientale e sociale.

2. Sviluppo sostenibile e cambiamento climatico

> If we win here we will win everywhere. The world is a fine place and worth the fighting for and I hate very much to leave it.
>
> Ernest Hemingway, scrittore e giornalista statunitense

2.1 Introduzione

L'uomo vive contemporaneamente in due mondi: Il primo, che potremmo definire *mondo naturale*, è frutto di un processo lungo almeno cinque miliardi di anni caratterizzati da complessi fenomeni fisici, chimici e biologici. Il secondo è quello creato da noi attraverso il progresso tecnologico e l'evoluzione sociale. (Commoner, 1990, p. 35)

Uno dei più importanti obiettivi della *tecnosfera* è quello di superare i vincoli imposti dal mondo naturale che limitano la vita umana e la sua organizzazione sociale. Il progresso si è orientato quindi verso uno sviluppo di tecnologie in grado di superare i condizionamenti più pesanti dei fattori climatici e geomorfologici. (Medardo, 1997, p. 92)

I due mondi tuttavia non sono affatto sconnessi e le attività della tecnosfera hanno raggiunto una portata tale da alterare i processi che governano il mondo naturale. Gli effetti sono molteplici, alcuni ampiamente visibili o noti, altri meno. Tutti però, come vedremo nel corso di questo capitolo, a loro modo, minacciano l'esistenza del pianeta e della sua biodiversità. (Commoner, 1990, p. 39)

Fortunatamente, nonostante la copresenza della crisi economica, la consapevolezza della gravità di questa situazione è andata aumentando tanto che il tema dello *sviluppo sostenibile* sembra aver attecchito tra le politiche di rilancio dell'economia. Il risultato è una vera e propria fusione che ha preso il nome di *green economy* ossia «un'economia capace di usare con efficienza l'energia e le materie prime, di intervenire sugli ecosistemi senza danneggiarli, di guardare ai rifiuti come a una fase del continuo divenire delle merci e non come a un elemento da espellere con fastidio dal ciclo produttivo». (Cianciullo & Silvestrini, 2010, p. 7-14)

Ma di quali tematiche si compone lo sviluppo sostenibile? Perché è così importante in questo processo trasformazione dell'economia?

2.2 Che cos'è lo sviluppo sostenibile

L'origine del termine sostenibile nella sua accezione relativa allo sviluppo umano risale a molto tempo fa. Nel giugno del 1972, a Stoccolma, si tenne la Conferenza ONU sull'ambiente umano dove per la prima volta fu portata all'attenzione del mondo la necessità di guidare i popoli verso la conservazione e miglioramento dell'ambiente nel contesto della crescita economica.

In quello stesso anno il best seller *I limiti dello sviluppo,* commissionato dal Club di Roma, sosteneva con fermezza che il modello di crescita economica predominante che si stava impiegando avrebbe finito per scontrarsi con la limitatezza delle risorse del pianeta portando certamente al crollo dell'economia stessa.

L'espressione *sviluppo sostenibile* fu poi introdotta nel 1980 in una autorevole pubblicazione intitolata *World Conservation Strategy: Living Resource Conservation for Sustainable Development.* (Sachs, 2015, p. 5) Nella prefazione di questa pubblicazione, opera di molte importanti organizzazioni internazionali[6], si osservava che «gli esseri umani, nel ricercare lo sviluppo economico e il godimento delle ricchezze della natura, devono venire a patti con la realtà della limitatezza delle risorse e della capacità biologica degli ecosistemi, e devono tener conto dei bisogni delle generazioni future». (International Union for Conservation of Nature and natural resources (IUNC), 1980, p. I)

Il concetto di sviluppo sostenibile venne poi reso popolare nel 1987 quando la *Commissione mondiale sull'ambiente e lo sviluppo* delle Nazioni Unite emise un rapporto meglio noto come *Rapporto Brundtland*. In questo documento, dal titolo *Our Common Future,* si affermava che: «Lo sviluppo è sostenibile se soddisfa i bisogni delle generazioni presenti senza compromettere la possibilità per le generazioni future di soddisfare i propri bisogni». (Brundtland Gro Harlem; World Commission on Environment and Development, 1987, p. 41)

Questo concetto *intergenerazionale* di sviluppo sostenibile venne ancora ripreso e adottato diffusamente all'interno del

---

[6] La *International Union for Conservation of Nature and Natural Resources* (IUCN), *United Nations Environment Programme* (UNEP), *World Wildlife Fund* (WWF), *Food and Agriculture Organization of the United Nations* (FAO) e *United Nations Educational Scientific and Cultural Organization* (Unesco)

Summit sulla Terra tenutosi a Rio de Janeiro nel giugno del 1992. Qui, 170 paesi rinnovarono gli impegni del 1972 firmando una dichiarazione contenente 27 principi guida per lo sviluppo sostenibile. Il terzo principio di questo documento infatti afferma ancora una volta «Lo sviluppo attuale non deve minacciare i bisogni della presente generazione e di quelle future». (United Nation, 1992)

È solo con l'arrivo del 2002, al *Summit mondiale sullo sviluppo sostenibile* a Johannesurg, che il concetto tende ad assumere un'impostazione più pratica e plurisettoriale abbracciando obiettivi economici, sociali e ambientali: «Questi sforzi promuoveranno l'integrazione delle tre componenti dello sviluppo sostenibile – sviluppo economico, sviluppo sociale e tutela ambientale – come tre pilastri interdipendenti che si rafforzano a vicenda. Eliminazione della povertà, cambiamento dei modelli non sostenibili di produzione e consumo, proteggere e gestire le risorse naturali dello sviluppo economico e sociale sono obiettivi di portata globale e requisiti essenziali per lo sviluppo sostenibile». (United Nation, 2002)

Questa visione dello sviluppo basata su tre componenti viene messa in risalto ancora una volta nel 2012, nel documento finale *The Future We Want* composto di 283 punti del Summit

Rio+20 dove gli scopi dello sviluppo sostenibile vengono definiti mediante «promozione di una crescita economica sostenuta, inclusiva ed equa; creazione di maggiori opportunità per tutti; riduzione delle disuguaglianze; aumento del tenore di vita essenziale; incoraggiamento di uno sviluppo sociale equo e inclusivo; promozione di una gestione integrata e sostenibile delle risorse naturali e degli ecosistemi che sostenga, tra l'altro, lo sviluppo economico, sociale e umano facilitando nel contempo risanamento, rigenerazione e tutela degli ecosistemi, nonché la loro capacità di recupero nei confronti delle nuove sfide emergenti». (United Nation, 2012)

Nei paragrafi che seguono cercheremo di entrare nel tema dello sviluppo sostenibile fornendo una rassegna generale delle sue varie componenti.

2.3 I tre pilastri dello sviluppo sostenibile

2.3.1 Sviluppo socio-economico

I problemi demografici

La qualità della vita e con ogni probabilità anche la continuazione dell'umanità sulla Terra, dipenderanno essenzialmente dall'equilibrio fra popolazione e risorse e, in particolare modo, dall'uso che verrà fatto di quest'ultime.

Attualmente i paesi economicamente e tecnologicamente sviluppati, circa il 20% della popolazione mondiale, consumano l'80% delle risorse e producono l'80% dell'inquinamento globale.

La quantità della popolazione mondiale (che nel 2011 ha raggiunto i 7 miliardi) sta crescendo con un tasso medio annuo dell'1,5% e si pensa che intorno al 2020 raggiungerà gli 8 miliardi. La crescita è dovuta alla notevole differenza tra la natalità (25‰) e la mortalità (9‰), si hanno insomma circa 3 nati per ogni morto. (Bernardi & Smiraglia, 1999, p. 482-483; Sachs, 2015, p. 22-24)

Se osserviamo il grafico in Figura 1 notiamo che la popolazione ha avuto variazioni molto modeste per un lunghissimo arco di tempo. Dal 10.000 a.C. fin verso il 2000 a.C. si conta che sull'intero pianeta ci fossero meno di 100 milioni di esseri umani. Al tempo dell'impero romano (1 d.C.) il numero iniziò a incrementare molto lentamente (circa 225 milioni). Intorno all'anno 1000 si stima che ci fossero 267 milioni di persone; nel 1500 circa 438 milioni fino ad arrivare al 1820 con il primo miliardo e al 1930 con due miliardi di persone. Da quella data i numeri sono saliti vertiginosamente senza mai arrestarsi. (Bolt & van Zanden, 2013)

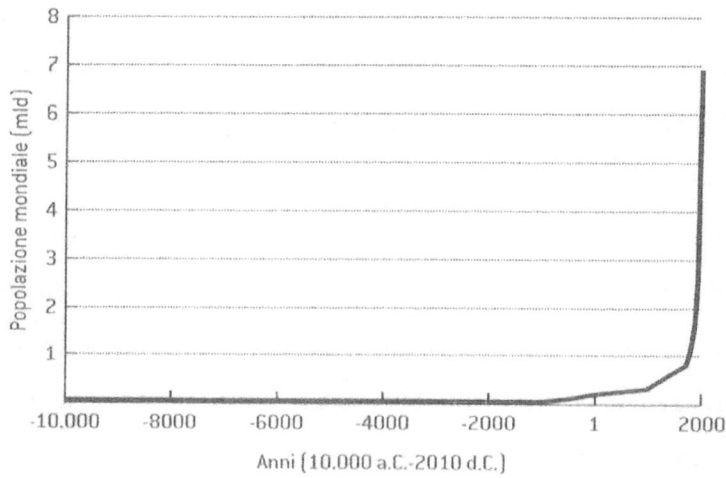

Figura 1 - Popolazione mondiale (dal 10.000 a.C. al 2010 d.C.)
(Fonte: Sachs, 2015, p. 22)

Le ragioni dell'aumento sono l'accresciuta capacità di produrre cibo (grazie a migliori tecniche agrarie, fertilizzanti chimici, attrezzature e macchinari per lavorare, trasportare e conservare i generi alimentari), gli sviluppi della medicina preventiva e delle condizioni igienico-sanitarie. (Bernardi & Smiraglia, 1999, p. 482-483; Sachs, 2015, p. 22-24)

La domanda che sorge spontanea a questo punto è: ma quante persone possono vivere sulla Terra? Ci sarà il tempo di agire prima che si verifichino crisi mondiali dovute alla carenza di risorse e di spazi?

Il dibattito è aperto da almeno duecento anni con il *Saggio sul principio della popolazione* (1798) di Thomas R. Malthus. Egli evidenzio per primo i limiti dello sviluppo ritenendo che mentre i mezzi di sussistenza crescono in progressione aritmetica (2, 4, 6, 8), la popolazione cresce in progressione geometrica (2, 4, 8, 16). Malthus riteneva che:

1. La popolazione è limitata dai mezzi di sussistenza;
2. La popolazione cresce dove i mezzi di sussistenza crescono, salvo che la impediscano alcuni "potentissimi ostacoli";
3. Gli ostacoli sono rappresentati dalla *restrizione morale*, dal *vizio* e dal *malessere*.

Gli ostacoli a cui Malthus si riferisce sono di sue tipi: preventivi e repressivi.

I *freni preventivi* derivano dal comportamento consapevole e virtuoso di quei genitori che, consapevoli di non poter mantenere la prole, decidono di ritardare il matrimonio e non procreare. I *freni repressivi* sono rappresentati da fenomeni quali carestie, epidemie e guerre.

La filosofia malthusiana ritornò in voga tra gli anni '60 e '70 in particolare con il volume *The Population Bomb* di Paul Ehrlich. Secondo questo autore per arginare la potenziale crisi è necessario il controllo della popolazione attraverso forme di adesione volontaria o di costrizione.[7] (Lanza, 2006, p. 41-44)

Le stime della capacità di carico globale raccolte e raccontate da Joel E. Cohen nel suo volume *Quante persone possono vivere sulla Terra?* sono numerose e variegate e vanno da meno di un miliardo a oltre 1.000 miliardi. Questo enorme divario deriva dalla grande variabilità di concetti, metodi e assunti, tuttavia le stime cadono per lo più nel campo compreso fra 4 e 16 miliardi. Prendendo in considerazione tutte le stime costituite da un solo numero e quella più elevata (quando l'autore suggerisce un intervallo di stime), il valore mediano risulta uguale a 12 miliardi. Tenendo invece conto della stima più bassa (quando l'autore suggerisce un intervallo) e dell'unico numero nel caso contrario, il valore mediano scende a 7,7 miliardi. (Cohen, 1998, p. 541-544)

---

[7] Il pensiero di Ehrlich rappresenta bene il clima culturale di quegli anni, egli dichiarò che non era sufficiente «curare i sintomi del cancro della crescita della popolazione, bisogna asportarlo per intero».

I demografi, decenni fa, alla luce del fatto che nelle nazioni con i redditi più alti e con elevati livelli di industrializzazione la popolazione cresceva a ritmi più lenti, giunsero alla conclusione che il modo migliore per rallentare la crescita demografica fosse quello di incrementare lo sviluppo industriale dei paesi a basso reddito. Anni dopo si accorsero che nei paesi con alto reddito erano in atto anche altri meccanismi responsabili della tendenza a formare nuclei familiari più ridotti.

Quelle deduzioni e questi meccanismi sono poi stati riversati all'interno dell'accordo siglato alla *Conferenza internazionale su popolazione e sviluppo* svoltasi al Cairo nel 1994. Per realizzare il passaggio da un modello caratterizzato da un alto tasso di mortalità, natalità e famiglie numerose, a quello con tendenze opposte, è necessario intraprendere alcune azioni sociali strettamente legati all'emancipazione femminile.

In particolare gli esperti di demografia hanno individuato quattro fattori responsabili dalla trasformazione dal primo al secondo modello:

1. Istruzione femminile generalizzata;
2. Lo sviluppo dell'emancipazione sociale e politica delle donne per partecipare alle decisioni familiari, comunitarie e nazionali;

3. Alti tassi di sopravvivenza infantile (cosicché i genitori abbiano fiducia nella sopravvivenza fino in età adulta della prole);
4. La capacità/libertà delle donne di decidere quanti figli avere e quando.

Questi fattori sono fra loro interconnessi e, qualora uno soltanto di questi viene a mancare, le dinamiche demografiche non cambieranno. L'esperienza tuttavia non lascia dubbi: quando i quattro punti si realizzano la tendenza verso famiglie meno numerose e la minore crescita demografica è inesorabile. Questo fenomeno prende nome di transizione demografica ed è già atto nei paesi europei e nordamericani. (Gore, 2009, p. 226-232)

Disuguaglianze di reddito, povertà e buone istituzioni

Lo sviluppo economico ha numerose dimensioni che vengono spesso misurate attraverso il prodotto interno lordo (PIL). Il PIL rappresenta la produzione totale realizzata entro i confini geografici di un paese, generalmente riferita a un periodo di analisi di un anno.

Nel PIL non viene misurata l'attività commerciale su beni capitali preesistenti (come per esempio la rivendita di un immobile) ma il flusso di produzione nuova in un dato periodo di tempo. Per avere un'idea del tenore di vita di un paese si è soliti utilizzare il PIL pro capite, ottenuto dividendo il PIL per la quantità di popolazione. Il PIL pro capite non è da considerarsi come un dato esauriente ma è un primo ragionevole e sintetico indice per valutare le condizioni degli individui all'interno delle loro nazioni.

La Banca Mondiale inserisce gli stati in tre categorie principali: a reddito alto, medio e basso. Attualmente un paese viene considerato a basso reddito se il PIL pro capite è inferiore a 1035 dollari all'anno, ovvero circa tre dollari al giorno; è a reddito medio se compreso nella fascia tra i 1035 e 12615 dollari all'anno; è a reddito alto se maggiore a 12615 dollari annui.

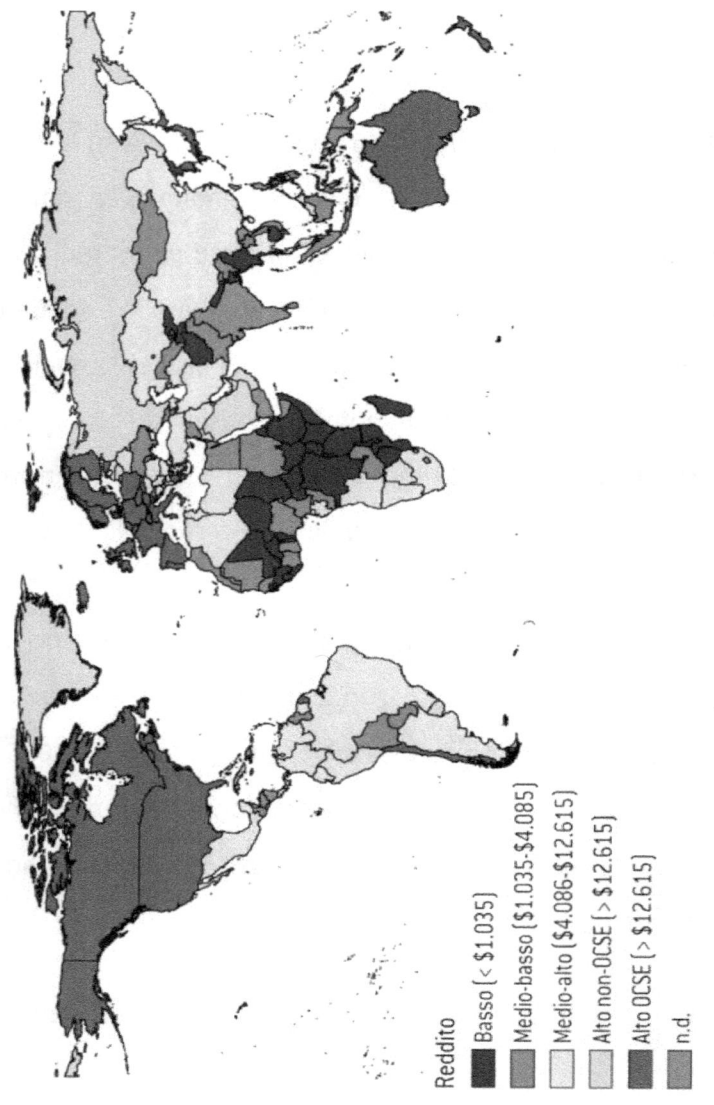

Figura 2 - I paesi suddivisi in base al reddito secondo la classificazione della Banca Mondiale (Fonte: Sachs, 2015, p. 49)

Nella Figura 2 sono rappresentate le nazioni suddivise in base al loro reddito. I paesi con alto reddito rappresentano circa un miliardo di persone, ovvero il 15% della popolazione mondiale. Le nazioni a reddito medio-basso e medio-alto interessano circa 5 miliardi di individui. Seguono i paesi a reddito basso, con il restante miliardo.

La Figura 3 riporta quelli che le Nazioni Unite hanno definito come *paesi meno sviluppati* ovvero paesi che, oltre ad un basso reddito, possiedono bassissimi livelli di istruzione, elevata instabilità sociale e scarse condizioni di salute. Essi sono fortemente concentrati nell'Africa Subsahariana e in Asia. (Sachs, 2015, p. 47-50)

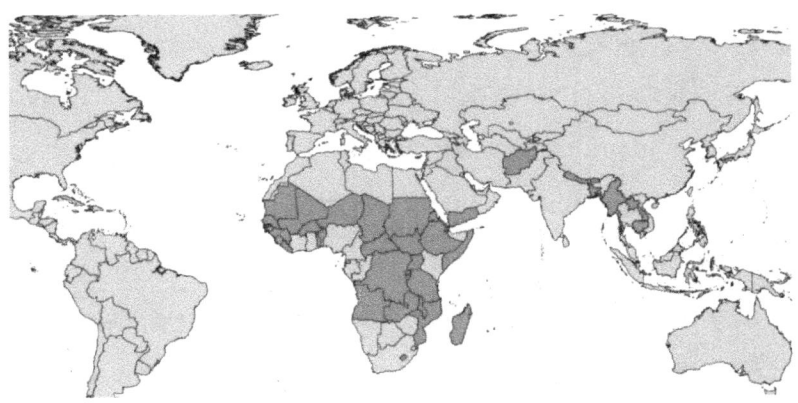

Figura 3 - I paesi meno sviluppati (Fonte: Sachs, 2015, p. 50)

Jared Diamond alla domanda "Perché esistono paesi ricchi e paesi poveri?" risponde affermando che esistono due ordini di fattori: quelli geografici e quelli istituzionali. (Diamond, 2015, p. 7)

Uno dei fattori geografici più importanti è la latitudine. In media, i paesi delle zone temperate sono più ricchi di quelli tropicali. La latitudine sembra influire anche sulla ricchezza di singole nazioni molto estese sull'asse nord-sud. Emblematici gli Stati Uniti in cui, per esempio, la zona nordorientale (come lo stato di New York e l'Ohio) localizzata nella fascia temperata è visibilmente più ricca rispetto agli stati della zona sudorientale e tropicale (come l'Alabama e il Mississippi). In Brasile l'area più ricca è quella più lontana dall'Equatore dove si trovano infatti le floride metropoli di Rio de Janeiro e São Paulo.

Le ragioni della povertà dei paesi tropicali (sotto l'aspetto geografico) sono principalmente due: la minore produttività agricola e i maggiori problemi sanitari rispetto alle aree temperate.

I rendimenti agricoli delle zone tropicali, nonostante la piovosità e le temperature più calde, non sono affatto più elevati di quelli delle aree temperate. Questo perché i suoli tropicali sono poco fertili e poco profondi. Nelle aree temperate, durante le ultime ere glaciali, i suoli hanno subito un avanzamento (e un successivo arretramento) dei ghiacciai. Durante questo processo, i ghiacciai, hanno frantumato le rocce sottostanti e generato nuovi strati di terreno, profondi e ricchi di nutrienti. Le aree tropicali non hanno potuto beneficiare di questo fenomeno, rendendo i terreni meno fertili.

Inoltre, sempre per quel che riguarda la produttività agricola, se da un lato le temperature elevate facilitano la decomposizione di materiali organici come le foglie, dall'altro le piogge abbondanti dilavano costantemente questi nutrienti trascinandoli nei fiumi.

La biodiversità poi, presente in quantità nettamente superiori ai Tropici, non si limita a quella fauna di straordinaria bellezza tipicamente apprezzata da turisti e scienziati, ma racchiude dentro di sé anche molte più specie di organismi patogeni, insetti e muffe, capaci di infestare e danneggiare i raccolti agricoli.

Ma non solo i raccolti. La difficile situazione sanitaria di queste nazioni è infatti strettamente correlata ad una maggiore pressione da parte di parassiti, vermi, insetti e microbi portatori di malattie difficili da debellare e i cui effetti sono un costante freno per lo sviluppo del paese. Il freddo dei mesi invernali delle zone temperate uccide parassiti e germi che in primavera dovranno ricominciare il loro ciclo da zero, a differenza di quanto avviene ai Tropici, dove questi possono prosperare durante tutto l'anno.

Le malattie tropicali inoltre non hanno carattere epidemico come è stato per il vaiolo e il morbillo in Italia (malattie che, una volta curate, lasciano immuni da eventuali ricadute). Nelle aree tropicali le patologie tendono ad essere più ricorrenti: ci si può ammalare più volte e dello stesso male (si pensi, per esempio, alla malaria).

Nello Zambia l'aspettativa di vita è di soli 41 anni. La colpa è da imputare principalmente alla parassitosi, alla malaria e all'AIDS. Questo vuol dire che un lavoratore qualificato come un ingegnere, completamente formato all'età di circa trent'anni, può contribuire all'economia del paese soltanto per undici anni. In Italia, con una aspettativa di vita di settantasette anni, lo stesso potrebbe farlo almeno per il triplo del tempo.

Per tutto questo, le economie tropicali che hanno registrato la crescita più rapida sono proprio quelle che hanno investito in sanità e che hanno aumentato gli investimenti in aree diverse dall'agricoltura risultata di fatto non competitiva.

Un altro elemento geofisico che tende a generare povertà è l'assenza di uno sbocco sul mare e questo era già ben visibile nella precedente Figura 3. L'assenza di uno sbocco sul mare rallenta la crescita economica poiché, in media, il trasporto via mare di un chilo di merce è circa sette volte meno costoso rispetto quello via terra. In Africa il caso ha voluto che ben 15 nazioni su 48 non si affacciassero sul mare. (Diamond, 2015, p. 3-22)

Per dimostrare invece l'importanza del ruolo svolto dalle istituzioni spesso gli economisti ricorrono all'analisi di coppie di paesi vicini caratterizzati da ambienti naturali simili, un tempo uniti da un'unica entità nazionale e oggi separati, dotati di istituzioni e ordinamenti diversi che hanno determinato livelli di ricchezza differenti (Corea del Sud/Corea del nord; ex Germania Ovest/ex Germania Est ecc.).

Dagli studi di questi casi si evince che le differenze a livello istituzionale e legislativo si sono tradotti in disparità in termini di livello di ricchezza nazionale.

Con l'espressione *buone istituzioni* gli economisti intendono quel complesso di istituzioni economiche, politiche e sociali che contribuiscono alla creazione della ricchezza nazionale. Esse sono una dozzina:

1. Assenza di corruzione, soprattutto a livello statale. I cittadini sono molto più motivati se sono sicuri di poter vedere i risultati del proprio lavoro senza che questi sia-

no sminuiti (o fagocitati) da imprese o funzionari pubblici corrotti.
2. Protezione della proprietà privata sia dalla confisca da parte dello stato sia dal furto da parte di terzi.
3. Esistenza del principio di legalità ossia di leggi che precisano con chiarezza cosa si può fare e cosa no. Solo così il cittadino saprà cosa fare e cosa non fare per accumulare ricchezza personale.
4. L'applicazione dei contratti. Se i cittadini firmano un contratto con lo Stato o con un privato essi acquisiscono la certezza di poterlo far valere qualora la controparte voglia infrangerlo e hanno una maggiore sicurezza nel poter trarre profitto dal proprio lavoro.
5. Incentivi e opportunità di investimento del capitale finanziario. I paesi dotati di mercati azionari e immobiliari, e di opportunità di investimento in capitali di rischio che consentono di incrementare il capitale investito, riescono a motivare i cittadini a una maggiore produttività.
6. Scarsa incidenza degli omicidi. In una nazione in cui la propria vita è costantemente a rischio la priorità assolu-

ta diventa sopravvivere. Lavorar sodo e investire diventano operazioni secondarie.

7. Efficacia dell'azione di governo. Un paese oltre ad avere delle buone leggi deve anche essere in grado di applicarle, di individuare politiche adatte a promuovere la crescita nazionale, a formare e valorizzare funzionari altamente qualificati.
8. Controllo dell'inflazione per fare in modo che la valuta nazionale mantenga intatto il suo valore nel lungo termine.
9. Libera circolazione dei capitali. Politiche restrittive sono utili solo in una economia nascente, alla lunga si rivelano negative perché impediscono di misurarsi e competere con altre economie efficienti.
10. Libero scambio. Nel lungo periodo le barriere commerciali si rivelano controproducenti perché permettono ai settori produttivi meno efficienti di sopravvivere sottraendosi alla concorrenza straniera.
11. Libera circolazione delle monete statali. I cittadini e i soggetti economici sono più motivati a una maggiore produttività se, per acquistare prodotti esteri, hanno la libertà di convertire la propria valuta in altre.

12. Investimenti nell'istruzione e nella valorizzazione del capitale umano. Se un paese ha un buon sistema scolastico la maggioranza dei cittadini può accedere a posti di lavoro migliori e di conseguenza il governo è in grado di sviluppare il potenziale economico di ogni cittadino. (Diamond, 2015, p. 23-28)

2.3.2 Tutela ambientale

La civiltà umana e l'ecologia del pianeta sono, come già detto, in piena rotta di collisione e la crisi climatica ne è la manifestazione più evidente assieme a tutti i suoi effetti ad ampio raggio. Tutelare l'ambiente significa anche tutelare l'umanità. Le crisi ecologiche in atto sono moltissime ed è davvero difficile elencarle tutte:

- Il cambiamento climatico causato dalla produzione dei gas serra;
- Il buco nell'ozono;
- La biodiversità minacciata dalla deforestazione, dalla conversione delle foreste pluviali in aree agricole o abitabili e, più in generale, dall'estinzione;

- L'esaurimento delle riserve di pesca e l'impatto dell'uomo sulle acque marine;
- La questione energetica;
- La questione dei rifiuti (che tratteremo nel terzo capitolo);
- Altre forme di inquinamento su cui la comunità scientifica dibatte ancora come, per esempio, gli effetti dell'inquinamento elettromagnetico.

Cambiamento climatico e effetto serra

Il cambiamento climatico viene considerato la maggior minaccia mondiale per l'ambiente, con effetti devastanti sia per gli esseri umani che per gli animali e gli ecosistemi. Si tratta di un cambiamento lento, a tratti difficile da percepire ma, alla luce dei moltissimi fenomeni metereologici estremi che si sono susseguiti in questi ultimi anni in tutto il mondo, gli effetti dell'agire umano sul clima sono ormai nella coscienza di molti. (Carraro & Mazzai, 2015, p. 15)

Nel 1986 lo svedese Svante Arrhenius, premio Nobel per la chimica, nel suo saggio *Sull'influenza dell'acido carbonico sulla temperatura del suolo* calcolò manualmente, ma con precisione, le conseguenze di un raddoppio della concentrazione di CO_2 nell'atmosfera. (Sachs, 2015, p. 399)

La relazione tra CO_2 e aumento delle temperature è da rintracciare nel così detto *effetto serra*. L'effetto serra (vedi Figura 4) è quel fenomeno in cui uno strato di gas nell'atmosfera agisce come un manto isolante che cattura l'energia solare (emessa dal Sole, attraverso raggi ultravioletti, verso la superficie della Terra) e la trattiene (sotto forma di raggi infrarossi a onda lunga) impedendo che questa venga perduta nello spazio. Senza questi gas serra la Terra sarebbe gelata, deserta e priva di vita. (Sachs, 2015, p. 400-401; Pinchera, 2004, p. 40-42)

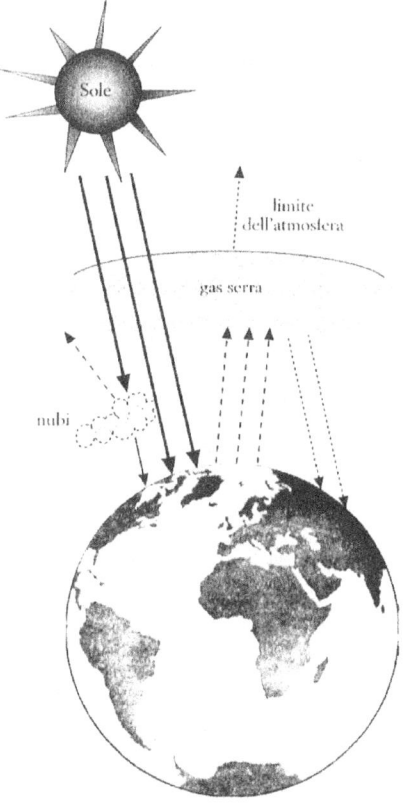

Figura 4 - L'effetto serra (Fonte: Pinchera, 2004, p. 40)

I gas serra, noti anche come GHG (*greenhouse gas*), sono la CO_2, il metano (CH_4), l'ossido di azoto (N_2O) e una serie di sostanze chimiche di origine industriale dette idrofluorocarburi (HFC), perfluorocarburi (PFC) ed esafluoruro di zolfo (SF_6). Tutti questi, assieme al vapore acqueo, intrappolano i raggi infrarossi e contribuiscono al riscaldamento del pianeta evitando che la temperatura media della Terra si aggiri a -14 °C, molto al di sotto del punto di congelamento dell'acqua.

L'uomo immette GHG ben oltre il range delle oscillazioni verificatesi nel corso della storia umana (vedi Figura 5) rischiando di rendere il pianeta sostanzialmente inospitale. (Sachs, 2015, p. 401-402) La concentrazione di CO_2 in atmosfera è aumentata del 40% negli ultimi 100 anni causando un aumento della temperatura media globale della superficie terrestre di 0,8 °C dagli inizi del '900. Con questo ritmo l'aumento della temperatura raggiungerebbe i 3,7-4,8 °C alla fine del nostro secolo rispetto alla media 1850-1900. La concentrazione di gas serra in atmosfera ha comunque superato le 400 parti per milione mentre in 800 mila anni non aveva mai superato le 300 parti per milione. (Carraro & Mazzai, 2015, p. 17-19)

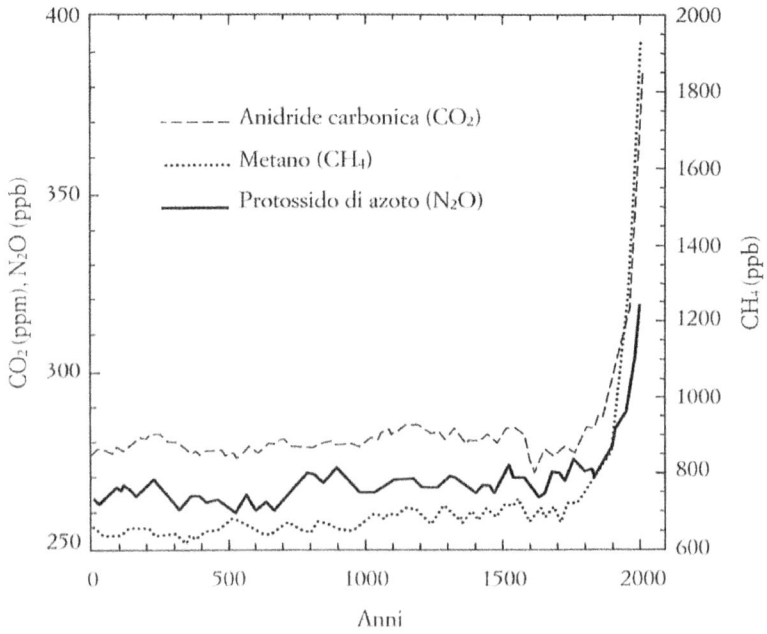

Figura 5 - Aumento delle concentrazioni di anidride carbonica, metano, protossido di azoto nel corso degli ultimi 2000 anni (Fonte: Carraro & Mazzai, 2015, p. 17)

In Figura 6 è possibile osservare alcune caratteristiche dei sei gas serra precedentemente citati tra le quali la sopravvivenza in atmosfera delle molecole e il forzante radiativo. La CO_2, per esempio, rimane a lungo nell'atmosfera, tra i 59 e i 200 anni e neppure le piogge sono in grado di diminuirla o riportarla sulla superficie terrestre. Il forzante radiativo dei GHG ovvero la capacità di intrappolare calore viene misurato in unità CO_2 equivalenti. Per esempio ogni molecola di N_2O viene conteggiata come l'equivalete di 296 molecole di CO_2.

	Sopravvivenza nell'atmosfera (anni)	Potenziale riscaldamento globale (GWP) in 100 anni	% emissioni di CO_2e (2000)
Biossido di carbonio (CO_2)	59-200	1	77,00%
Metano (CH_4)	10	23	14,00%
Ossido di azoto (N_2O)	115	296	8,00%
Idrofluorocarburi (HFC)	1-250	10.000-12.000	0.50%
Perfluorocarburi (PFC)	>2.500	>5.500	0,20%
Esafluoruro di zolfo (SF_6)	3,2	22,2	1,00%

Figura 6 - Caratteristiche dei gas serra (Fonte: Sachs, 2015, p. 403)

Il mondo, solo per i consumi di energia (ovvero dalla combustione di carbone fossile, petrolio e gas naturale), produce ogni anno circa 35 miliardi di tonnellate di CO_2. Circa il 46% rimane nell'atmosfera, il restante 54% viene assorbito dalle foreste, dal suolo e dagli oceani. La parte che rimane in atmosfera (circa 16 miliardi di tonnellate) si traduce in un aumento della concentrazione di CO_2 di circa due parti per milione di molecole atmosferiche. Il mondo emette circa 55 miliardi di CO_2 equivalente l'anno. A questo dato vanno sommati circa altri 3,5 miliardi di tonnellate derivanti dalla deforestazione. (Sachs, 2015, p. 403-405)

L'aumento della CO_2 in atmosfera, nel dettaglio, è visibile nella Curva di Keeling in Figura 7. Da questa curva emerge anche che la concentrazione del gas aumenta nei mesi invernali e primaverili e cala durante l'estate e l'autunno: come se il pianeta respirasse. Nei mesi in cui l'emisfero Nord (dove vi è maggiore terra emersa e vegetazione) è inverno, gli alberi riducono la fotosintesi e perdono le foglie mentre durante i mesi estivi ricostituiscono il proprio contenuto carbonico riformando la massa delle piante. (Scripps Institution of Oceanography, 2016)

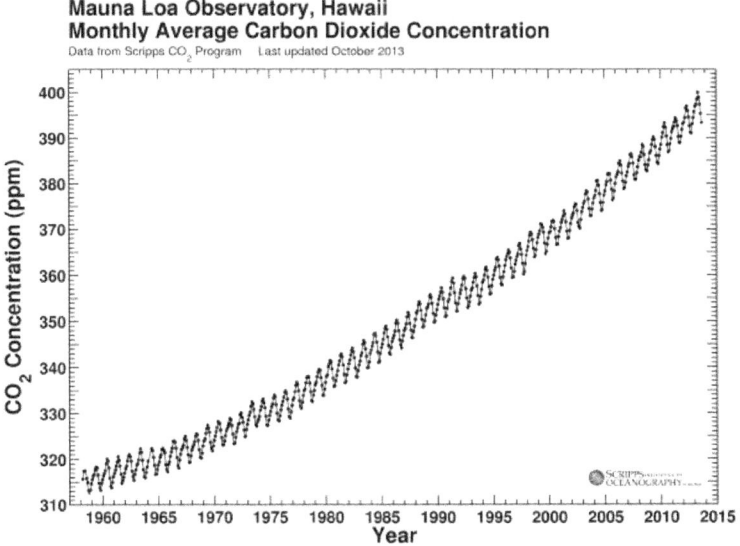

Figura 7 - Curva di Keeling della concentrazione di CO2 nell'atmosfera dal 1958 al 2013 (Fonte: Scripps Institution of Oceanography, 2016)

Nel momento in cui la politica adempie agli obblighi imposti dai protocolli internazionali, i risultati sono ampiamente visibili. È il caso del Protocollo di Montréal del 1987 che fu adottato in tutto il mondo per debellare la crisi climatica relativa al buco nello strato di ozono della stratosfera. L'ozono era minacciato dai clorofluorocarburi (CFC), sostanze chimiche di uso industriale, ora regolate proprio grazie a quel protocollo. Gli scienziati oggi affermano che potrebbero volerci tra i 50 e i 100 anni prima che questo strato si reintegri ma che stiamo percorrendo la giusta strada ed il problema è in lenta ma costante discesa. (Gore, 2009, p. 44-47)

La speranza è che questo accada anche per le altre emissioni inquinanti tramite gli accordi della *Conferenza di Parigi sui cambiamenti climatici* (COP 21) di fine 2015 e che le istituzioni, con tutti gli attori interessati, diano il via a un efficace accordo post-Kyoto per la riduzione dei gas serra.[8] (Carraro & Mazzai, 2015, p. 118-120)

---

[8] La conferenza ha negoziato un accordo globale sulla riduzione dei cambiamenti climatici. L'accordo diventerà giuridicamente vincolante se ratificato da almeno 55 paesi che insieme rappresentino almeno il 55% delle emissioni globali di gas serra. Le parti dovranno firmare l'accordo a New York tra il 22

Biodiversità

Uno degli obiettivi della tutela ambientale è quello di mantenere ricca la biodiversità del pianeta. Oggi moltissime specie animali e vegetali, non riuscendo a intraprendere un veloce processo evolutivo in grado di rispondere alle esigenze di cambiamento imposte dall'ambiente e, soprattutto, dall'uomo, sono minacciate di scomparire.
Secondo alcuni biologi, stiamo vivendo la più grande estinzione di massa degli ultimi 65 milioni di anni. Questo dato (seppur discutibile perché non conosciamo con esattezza il numero di specie esistenti nel nostro pianeta, né di allora né di adesso) è un dato certamente allarmante. (Roosa, 2010, p. 103)
Per comprendere a fondo che cosa è la *biodiversità* è necessario fornire anche una definizione di *ecosistema*. Un ecosistema è un insieme di piante, animali e vita microscopica che interagisce con la materia non abiotica di un determinato ambiente. All'interno di questi sistemi tutte le specie svolgo un ruolo determinante e vivono in equilibrio tra loro. Questo equilibrio, se spezzato per una qualsiasi ragione come può essere per via del

---

aprile 2016 al 21 aprile 2017 e adottarlo all'interno dei propri sistemi giuridici.

cambiamento climatico o per l'impatto dell'uomo, ha ripercussioni non solo interne all'ecosistema di appartenenza ma anche in ecosistemi apparentemente scollegati o lontani. Se, per esempio, le foreste pluviali o la regione artica subissero profonde mutazioni assisteremmo sicuramente ad anomalie nelle precipitazioni, nei venti, nelle correnti oceaniche ecc. (Sachs, 2015, p. 445-453)

La biodiversità è la varietà della vita presente sul pianeta e si manifesta su tre livelli:

- *diversità genetica*, come somma complessiva del patrimonio genetico degli esseri viventi che abitano il pianeta;
- *diversità di specie*, come abbondanza e la diversità tassonomica di specie presenti;
- *diversità di ecosistemi*, come insieme di tutti gli ambienti naturali presenti sulla Terra. (Massa, 2005, p. 15-26)

Nonostante l'assenza di un completo inventario delle specie, i ricercatori continuano a offrire previsioni e stime. Gli scienziati contano tra i 10 e i 100 milioni di specie presenti sulla Terra (Sachs, 2015, p. 457) e di tassi di estinzione che oscillano tra le 18000 e le 55000 specie all'anno. (Roosa, 2010, p. 103)

L'Unione Mondiale per la Conservazione della Natura (IUCN) ha istituito un sistema di classificazione che registra le specie minacciate, quelle non minacciate e quelle estinte (Vedi Figura 8).

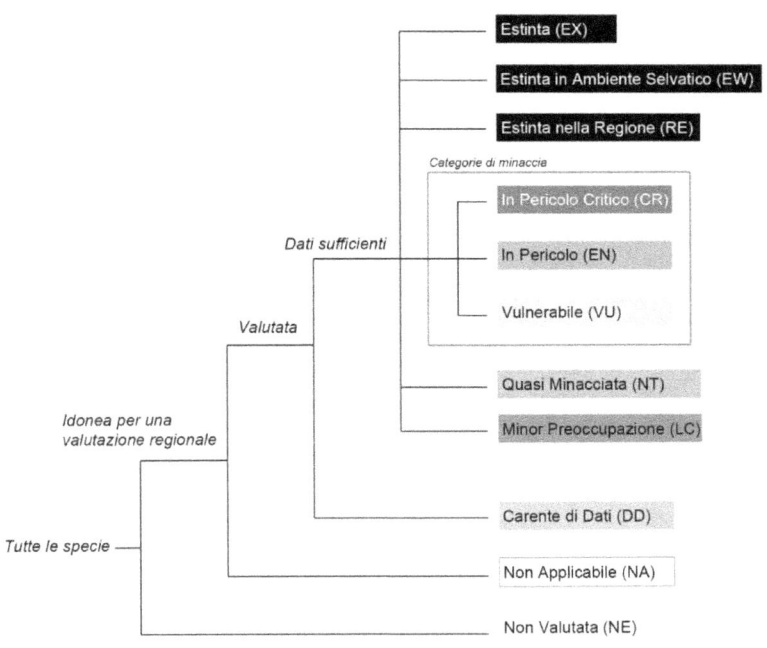

Figura 8 - Il sistema IUCN di classificazione delle specie. (Fonte: IUCN www.iucn.it/categorie.php)

Lo IUCN per le specie più a rischio ha poi creato *"Red List"* (o *"Lista rossa"*). Ciò che emerge dai dati di questa lista è che il numero di specie gravemente minacciate è aumentato considerevolmente (Vedi Figura 9). Se in parte questo è dovuto dalla scoperta e dalla classificazione di nuove specie è anche, più in larga misura, frutto delle attività umane.

In pericolo critico (CR)												
Gruppo	1996/98	2000	2002	2003	2004	2006	2007	2008	2009	2010	2011	2012	2013
Mammiferi	169	180	181	184	162	162	163	188	188	188	194	196	196
Uccelli	168	182	182	182	179	181	189	190	192	190	189	197	197
Rettili	41	56	55	57	64	73	79	86	93	106	137	144	151
Anfibi	18	25	30	30	413	442	441	475	484	486	498	509	519
Pesci	157	156	157	162	171	253	254	289	306	376	414	415	413
Insetti	44	45	46	46	47	68	69	70	89	89	91	119	120
Molluschi	257	222	222	250	265	265	268	268	291	373	487	549	548
Piante	909	1.014	1.046	1.276	1.490	1.569	1.569	1.575	1.577	1.619	1.731	1.821	1.920

In pericolo (EN)												
Gruppo	1996/98	2000	2002	2003	2004	2006	2007	2008	2009	2010	2011	2012	2013
Mammiferi	315	340	339	337	352	348	349	448	449	450	447	446	446
Uccelli	235	321	326	331	345	351	356	361	362	372	382	389	389
Rettili	59	74	79	78	79	101	139	134	150	200	284	296	313
Anfibi	31	38	37	37	729	738	737	755	754	758	764	767	773
Pesci	134	144	143	144	160	237	254	269	298	400	477	494	530
Insetti	116	118	118	118	120	129	129	132	151	166	169	207	215
Molluschi	212	237	236	243	221	222	224	224	245	328	417	480	480
Piante	1.197	1.266	1.291	1.634	2.239	2.258	2.278	2.280	2.316	2.397	2.564	2.655	2.871

Vulnerabile (VU)												
Gruppo	1996/98	2000	2002	2003	2004	2006	2007	2008	2009	2010	2011	2012	2013
Mammiferi	612	610	617	609	587	583	582	505	505	493	497	497	498
Uccelli	704	680	684	681	688	674	672	671	669	678	682	727	727
Rettili	153	161	159	158	161	167	204	203	226	298	351	367	383
Anfibi	75	83	90	90	628	631	630	675	657	654	655	657	656
Pesci	443	452	442	444	470	681	693	717	810	1.075	1.137	1.149	1.157
Insetti	377	392	393	389	392	426	425	424	471	478	481	503	500
Molluschi	451	479	481	474	488	488	486	486	500	587	769	828	843
Piante	3.222	3.331	3.377	3.864	4.592	4.591	4.600	4.602	4.607	4.708	4.861	4.914	5.038

Figura 9 - IUCN Red List (Fonte: Sachs, 2015, p. 458)

La pressione umana proviene da diverse direzioni: i cambiamenti d'uso del suolo, esaurimento delle risorse idriche, alterazioni chimiche, alterazioni del clima, sovrasfruttamento (attraverso la pesca, il taglio degli alberi, la caccia e altri processi estrattivi), l'urbanizzazione, l'introduzione di specie non autoctone ecc.

Al Summit sulla Terra di Rio del 1992 l'umanità ha sottoscritto la *Convenzione sulla diversità biologica* (CBD) riconoscendo di fatto il problema ma senza poter intervenire drasticamente sulle cause così variegate e strettamente intrecciate con l'economia e all'aumento della popolazione mondiale. Difficilissima è quindi l'inversione di rotta. (Sachs, 2015, p. 457-459)

Oceani e pesca

Gli oceani coprono tre quarti della superficie terrestre e per questo non sono un aspetto marginale del rapporto uomo-ambiente. Intere città hanno basato i loro commerci, le attività economiche (come il turismo e la pesca) proprio grazie alla presenza del mare. Ma preservare la salute dei mari risulta essenziale anche in termini alimentari, il pescato è un ottimo nutriente ricco di proteine e omega 3.

Negli ultimi sessant'anni la capacità tecnologica di appropriarci dei servizi ecosistemici (per esempio con strumenti in grado di localizzare e catturare più facilmente il pesce come in Figura 10 o le reti a strascico) ha permesso di aumentare notevolmente le quantità del pescato purtroppo, spesso, in maniera irresponsabile. (Sachs, 2015, p. 459-469)

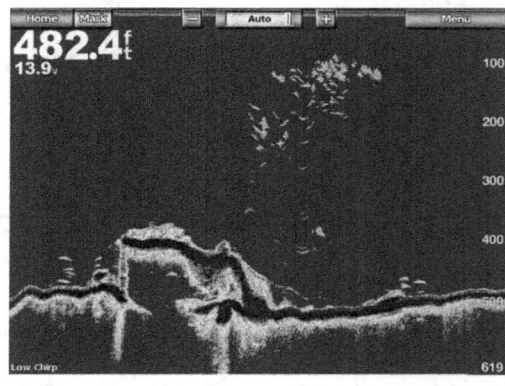

Figura 10 - Un esempio di schermata ecoscandaglio da pesca (Fonte: www.garmin.com/dk/chirpsonar)

L'andamento della produzione ittica mondiale è ben mostrato in Figura 11. Dai dati del grafico si possono fare diverse considerazioni:

1. La pesca effettuata tramite cattura è quadruplicata rispetto agli anni '50 e ora vive una condizione di "saturazione" tale da impedirne un ulteriore incremento. La pesca in eccesso, inoltre, ha provocato il declino o il collasso totale di molte aree di pesca.

2. L'acquacoltura ha fatto fronte all'aumento della domanda alimentare, crescendo. Ma l'acquacoltura è anch'essa una minaccia per l'ambiente: gli allevamenti favoriscono la diffusione di malattie ittiche, la dispersione di esemplari allevati nell'ambiente selvatico e la dispersione di nutrienti in eccesso. I mangimi utilizzati, tra l'altro, richiedono enormi quantità di farina di pesce la cui produzione si basa a sua volta sulla cattura di specie di livello trofico inferiore.
3. I dati del grafico non considerano il pesce e le altre forme di vita marina scartate e rigettate in acqua dai pescatori. (FAO, 2014)

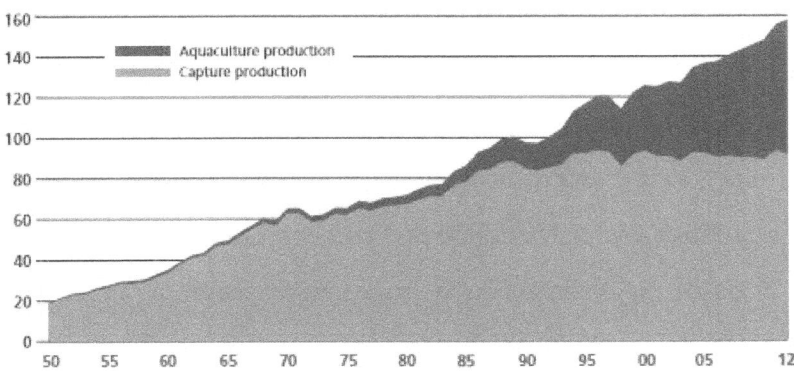

Figura 11 - Produzione ittica totale da acquacoltura e pesca di cattura (1950-2012) in tonnellate (Fonte: FAO www.fao.org/3/a-i3720e.pdf)

La domanda che gli ecologi marini si sono posti è stata: in che misura si può catturare un certo tipo di pesce con la certezza di non ridurre lo stock in una determinata zona?

La risposta l'hanno trovata nel modello PMS (*Prodotto massimo sostenibile*) della Figura 12.

Il funzionamento di tale modello è spiegato dall'economista Jeffrey D. Sachs: «Consideriamo una certa zona marina di pesca. Supponiamo che in quest'area, in assenza di pesca, vivano 1000 individui, o più realisticamente 1000 tonnellate di pesce di un certo tipo. Poiché questo è il livello al quale lo stock è stabile (e massimizzato), qualsiasi prelievo attraverso la pesca è inevitabilmente destinato a ridurlo. Supponiamo ora che lo stock sia di 800. In assenza di pesca, il livello tenderebbe gradualmente a salire a 1000. L'anno successivo, per esempio, passerebbe da 800 a 860, con un incremento netto di 60. Se la pesca ammonta a 60, l'anno dopo il livello rimarrà invariato a 800. Possiamo dire perciò che una zona di pesca con una popolazione potenziale di 1000 ma effettiva di 800 può sostenere ogni anno un'attività di pesca di 60 senza che lo stock diminuisca né aumenti. Nella figura, una zona di pesca con una popolazione effettiva di 800 ha una produzione in sovrappiù di 60.

Supponiamo ora che lo stock scenda a 500. A questo livello la popolazione tende ad aumentare di 100 unità l'anno. Se ogni anno la pesca ammonta a 100, la popolazione rimane stabile a 500, e un volume di pesca di 100 risulta sostenibile. [...] Che cosa accade invece se quell'anno la cattura passa a 200? Ovviamente lo stock ittico tenderà a ridursi e l'anno dopo sarà di 400; e se si continua a pescare in eccesso, per esempio se l'anno dopo la cattura è nuovamente di 200, il terzo anno lo stock sarà inferiore a 300. La zona di pesca finirà per esaurirsi: niente più pesce, né future prospettive di pesca!». (Sachs, 2015, p. 466-468)

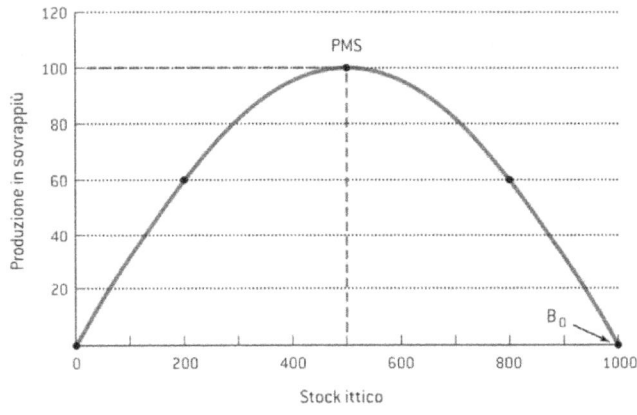

Figura 12 – Modello per il calcolo del prodotto massimo sostenibile (PMS) (Fonte: Sachs, 2015, p. 467)

Negli ultimi anni in molte zone di pesca è stato introdotto un sistema di permessi pari al PMS stimato, le singole imprese possono comprarli e venderli. Il concetto di PMS è stato ulteriormente complicato dal fatto che non è risultato sufficiente regolare una singola specie ma quest'ultima doveva essere valutata nel suo ecosistema e nella catena alimentare marina.[9]

Ma la pesca è solo uno dei fattori attraverso cui l'uomo minaccia gli oceani, all'elenco si può aggiungere l'aumento dell'acidità marina, il riscaldamento dei mari, la distruzione della barriera corallina, la pesca mediante esplosivi, l'inquinamento[10] e la sedimentazione provocata dalle attività umane. Le attività umane agendo su tutti questi fronti spingono

---

[9] In Italia tale sistema ha preso il nome di *Totali Ammissibili di Cattura* (TAC). I paesi dell'UE condividono i TAC ripartendoli in contingenti nazionali. Per ogni stock si applica un diverso coefficiente di attribuzione per la suddivisione dei contingenti (il cosiddetto principio della stabilità relativa). I contingenti possono essere scambiati tra paesi membri. I paesi dell'UE sono tenuti a utilizzare criteri trasparenti e oggettivi nella ripartizione del contingente nazionale tra i pescatori, evitando ogni forma di sfruttamento eccessivo degli stock. Una volta esaurito il contingente disponibile per una determinata specie di pesce, il paese in questione è obbligato a chiudere l'attività di pesca. http://ec.europa.eu/fisheries/cfp/fishing_rules/tacs/index_it.htm

[10] Non scordiamo, solo per citare i casi più recenti, dei fanghi tossici riversati nel Rio Doce in Brasile (http://www.lastampa.it/2015/11/29/scienza/ambiente/focus/disastro-ambientale-in-brasile-il-rio-doce-risalir-gli-effetti-sul-mare-saranno-trascurabili-vDy556WQaDxx9rLKjavn4J/pagina.html) e il disastro nucleare di Fukushima in Giappone (http://www.ilsole24ore.com/art/notizie/2013-11-07/quanto-e-profondo-mare-fukushima-acqua-radioattivita-nove-volte-chernobyl-e-non-e-finita-165040.shtml?uuid=ABx1g9b&refresh_ce=1)

molte specie marine animali e vegetali verso l'estinzione. (Sachs, 2015, p. 468-469)

Deforestazione

Nel nostro pianeta le foreste coprono una superficie totale di circa 4 miliardi di ettari corrispondenti al 31% delle terre emerse. Esse sono distribuite su due fasce geografiche:
1. A cavallo dell'equatore (le foreste umide dell'Amazzonia, Africa e Indonesia, composte da alberi latifoglie);
2. Nelle latitudini medio alte dell'emisfero boreale (su cui vive alle medie latitudini la foresta caducifoglie e, nella zona circumpolare, la taiga composta prevalentemente da conifere).

Russia, Brasile, Canada, Stati Uniti e Cina sono i cinque stati i cui boschi, insieme, occupano oltre metà dell'intera superficie forestale mondiale.

Secondo dati diffusi dalla FAO nel 2011, dal 1990 al 2005, la perdita netta di foreste nel modo è stata pari a 72,9 milioni di ettari, ovvero quasi 10 ettari di foreste al minuto, nell'arco dei

15 anni. (Spini, 2015, p. 175) Il risultato è ben mostrato in Figura 13.

La deforestazione di massa è dovuta a due principali fattori:

1. L'aumento della popolazione nelle aree in cui si assiste al fenomeno (a cui segue un ampliamento delle aree coltivabili);
2. Il commercio internazionale.

Il commercio internazionale di prodotti che compromettono le foreste risulta molto difficile da controllare e la domanda, proveniente prevalentemente dei paesi ricchi o in via di sviluppo (come la Cina), spesso riesce ad essere più forte delle politiche di tutela locali che non riescono a controllare chi agisce attraverso mezzi illegali. (Sachs, 2015, p. 473) La domanda comprende non solo il legname pregiato (normalmente gestito da imprese che praticano un taglio selettivo sia per quanto riguarda le dimensioni che le specie) (Lanza, 2006, p. 63) ma anche il tanto discusso olio di palma[11] e la soia. (Sachs, 2015, p. 473)

---

[11] In luoghi come l'Indonesia e la Malesia una vasta area di foresta pluviale, ricchissima di biodiversità (ivi compreso l'orango, ora considerata come specie minacciata), è stata sostituita dalla coltivazione di palma da olio.

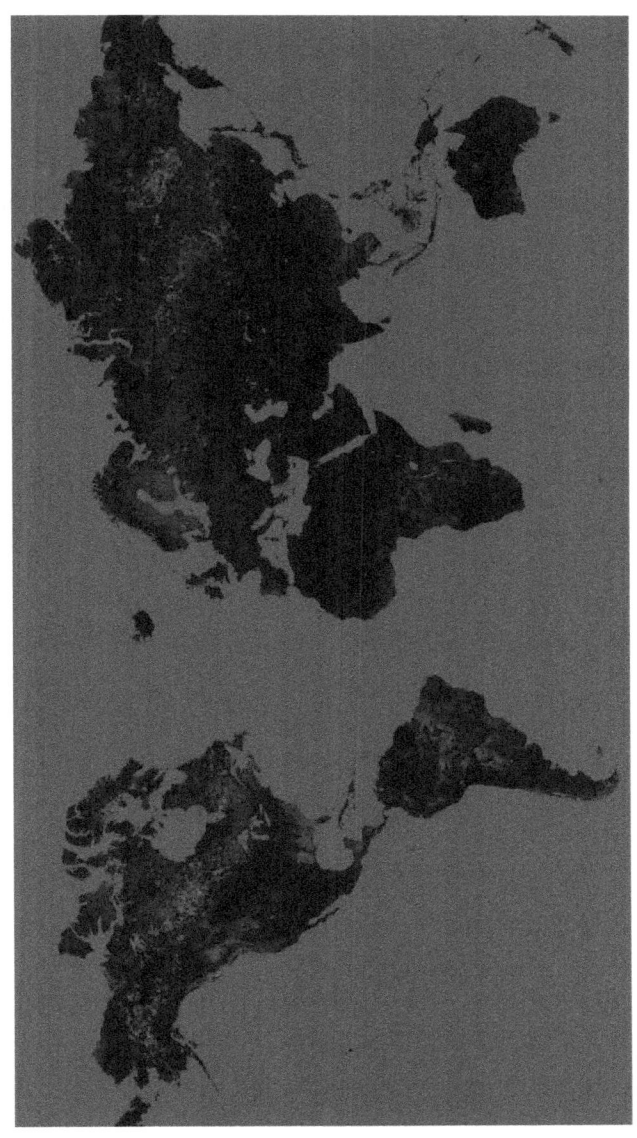

Figura 13 - Aree deforestate (in rosso) tra il 2000 e il 2014.
(Fonte: Hansen, et al., 2013)

Inoltre, esistono quasi due miliardi di persone che, in varie parti del mondo, utilizzano come combustibile quasi esclusivamente legna da ardere. Paesi come il Nepal, per esempio, dipendono ancora per il 90% da questo combustibile.

Le piante, come ben noto, non solo producono ossigeno attraverso la fotosintesi clorofilliana ma immagazzinano il carbonio all'interno delle loro strutture. L'uso della legna come combustibile sprigiona nuovamente la CO_2 che era stata fissata (magari centinaia di anni fa). (Lanza, 2006, p. 64)

Gli effetti della deforestazione sono molteplici:
1. Accentuazione del fenomeno dell'effetto serra;
2. Erosione dei suoli, dissesti idrogeologici;
3. Perdita di biodiversità; (Lanza, 2006, p. 64)
4. Le foreste pluviali contribuiscono a ridurre la temperatura del pianeta grazie alla coltre di nuvole che la sovrasta. Le nuvole riflettono parte dei raggi ultravioletti destinati a riscaldare la Terra prima che la raggiungano. (Sachs, 2015, p. 472)

Negli ultimi anni, fortunatamente, si è assistito ad un decremento del processo di deforestazione. Questo è dovuto alle importanti misure prese in paesi come Brasile, Costa Rica, Cile, Rwanda, Cina e Viet Nam. Al netto tra processi di deforestazione e riforestazione (per naturale espansione delle foreste o per interventi umani), il dato globale 2000-2010 è sceso a 5,2 milioni di ettari per anno, segno che si può agire e che bisogna agire di più. (Spini, 2015, p. 175)

Frutto di questo risultato è stato sicuramente una maggiore sensibilizzazione al tema, l'intervento di enti locali e internazionali. Da citare il programma delle Nazioni Unite REDD+ (*Reduced Emissions from Deforestation and forest Degradation*), attivato nel 2013, che mira a ridurre le emissioni da deforestazione e degrado forestale attribuendo un valore finanziario agli stock di carbonio immagazzinati nelle foreste incentivando i Paesi in via di sviluppo ad investire in pratiche di sviluppo sostenibile. (Carraro & Mazzai, 2015, p. 142)

La questione energetica

La fonte principale dell'inquinamento di origine umana che determina il riscaldamento globale è la produzione di energia a patire dai combustibili fossili quali carbone, petrolio e gas naturale. Per risolvere la crisi climatica è quindi necessario sviluppare strategie e tecnologie che consentano di produrre l'energia necessaria al fabbisogno umano e alla crescita economica limitando le emissioni di CO_2. (Gore, 2009, p. 52)

L'uomo, fino all'arrivo della Rivoluzione Industriale nel XVIII secolo, ha utilizzato fonti di energia rese disponibili dai cicli naturali come il legname. L'economia inglese iniziò a utilizzare il carbone proprio quando il legname andava esaurendosi generando da un lato una accelerazione decisa al processo di industrializzazione dall'altro l'inizio della crisi climatica. (Lorenzoni, 2012, p. 13)

La Figura 14 mostra i consumi di energia primaria mondiali in tep[12]. Nel 2014 si sono quasi raggiunti i 14000 Mtep.

---

[12] Il tep rappresenta la quantità di energia rilasciata dalla combustione di una tonnellata di petrolio grezzo e vale circa 41870000 joule.

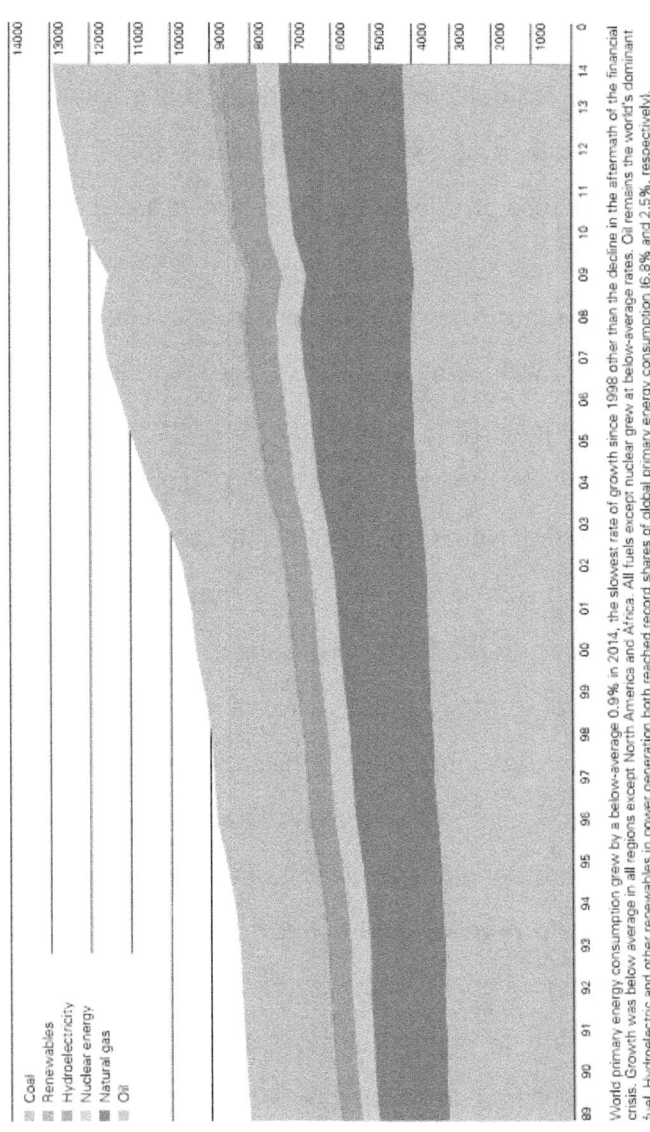

Figura 14 - Consumi di energia primaria mondiali (Fonte: BP Statistical Review of World Energy, 2015)

Nel complesso petrolio, carbone e gas naturale forniscono ancora l'86,5% dell'energia primaria oggi usata sulla terra. Considerati insieme questi tre combustibili fossili costituiscono la singola causa principale del riscaldamento globale. (Gore, 2009, p. 57)

Se da un lato i consumi nei paesi industrializzati vanno verso una sostanziale stabilizzazione (Lorenzoni, 2012, p. 15), la crescente domanda di energia sembra interessare soprattutto i mercati emergenti come quello della Cina e dell'India (quest'ultima supererà gli Stati Uniti come secondo consumatore entro il 2020 e, subito dopo, sorpasserà la Cina come principale importatore). (Carraro & Mazzai, 2015, p. 100)

Le vie per fronteggiare la correlazione tra energia e emissioni sono principalmente due: l'*efficienza energetica* (o il risparmio energetico) e lo *sviluppo delle fonti rinnovabili*.

Nella produzione di energia vi è una incidenza onerosa in perdite di trasformazione e di trasporto. La fisica, infatti, ci impone dei limiti non completamente valicabili: non siamo in grado di trasformare in energia elettrica tutta l'energia chimica di un combustibile, né in benzina (e derivati) tutta l'energia contenuta in un barile di petrolio.

Un aiuto concreto alla riduzione della domanda di energia primaria (e, conseguentemente, delle emissioni inquinanti) viene dal miglioramento dei processi di trasformazione e di trasporto dell'energia nelle sue diverse forme. La capacità di estrarre prodotti utili dal greggio nelle raffinerie, l'abilità nel trasmettere l'energia elettrica a distanza, la tecnologia per produrre energia elettrica e una maggiore efficienza energetica negli usi finali dell'energia (oltre a una maggiore consapevolezza del consumatore) rappresentano una soluzione percorribile sulla questione energetica. (Lorenzoni, 2012, p. 16-17)

Si è così iniziato a parlare della realizzazione di una grande *smart grid* (in sostituzione agli attuali sistemi di trasmissione della elettricità ormai obsoleti) e di *smart metering*.

La generazione distribuita dell'energia (o smart grid) è un nuovo paradigma energetico in cui da un unico punto di generazione, ad esempio una centrale termoelettrica, si passa a un'architettura basata su più punti di generazione distribuiti sul territorio come ad esempio centrali eoliche, centrali solari fotovoltaiche, sistemi cogenerativi (produzione combinata di energia elettrica e calore per le abitazioni). Una smart grid presenta quindi uno schema concettualmente molto simile a quello dell'infrastruttura di Internet in cui più terminali collegati a un unico network contribuiscono a produrre informazioni per l'intero sistema. Nelle smart grid le centrali sono più numerose ma di potenza notevolmente inferiore. L'innovazione consiste nel far viaggiare l'energia elettrica fra più nodi rendendo così possibile la risposta tempestiva alla richiesta di maggiore o minore consumo di uno o più utenti. Nello schema di generazione distribuita il consumatore può anche essere produttore (*prosumer*) e la smart grid è in grado di variare le direzioni dei flussi di energia. L'intelligenza di una smart grid nasce dalla sovrapposizione della rete di distribuzione elettrica con le tecnologie dell'ICT creando uno scambio continuo di informazione tra centrali di potenza e centrali di autoproduzione. (Dall'ò, 2014, p. 77-80)

Lo smart metering rappresenta una tecnologia di grande utilità nel campo dell'efficienza energetica. La sua applicazione consente, attraverso dei sistemi di controllo basati su reti di sensori per il monitoraggio in tempo reale dei consumi di luce, di accompagnare ogni intervento: dalla fase progettuale all'uso finale quotidiano. (Dall'ò, 2014, p. 81)

Le fonti rinnovabili sono quelle che per definizione possono rigenerarsi in tempi relativamente brevi e, inoltre, le risorse da cui traggono energia sono potenzialmente inesauribili. Le fonti energetiche rinnovabili, se adeguatamente sviluppate, potrebbero rimpiazzare completamente i carburanti fossili. Purtroppo le difficoltà risiedono nell'impegno politico congiunto e nei forti investimenti necessari per sviluppare e costruire sistemi economicamente vantaggiosi per l'energia rinnovabile.

Al Gore individua tre ragioni principali per cui l'energia rinnovabile potrebbe diventare molto più economica dell'energia ricavata dai combustibili fossili (quest'ultimi costantemente minacciati dall'esauribilità oltre che dagli effetti sul cambiamento climatico):

1. Una volta costruita l'infrastruttura rinnovabile il "carburante", almeno per i produttori di energia, sarà gratuito in eterno;
2. Come le tecnologie per i combustibili fossili sono state soggette a migliorie e innovazioni nel corso del loro impiego nel tempo, lo stesso accadrebbe per le fonti rinnovabili;
3. Nel momento in cui aumenterà il volume di produzione (e quindi la domanda), le aziende che producono queste tecnologie ridurranno conseguentemente i costi delle singole unità prodotte, incentivando anche la ricerca. (Gore, 2009, p. 58)

Le fonti rinnovabili sono notoriamente:

- L'energia solare (nelle diverse forme);
- L'energia idroelettrica;
- L'energia marina;
- L'energia ricavata da biomasse;
- L'energia geotermica;
- L'energia eolica.

Ciascuna di queste forme di energia presenta caratteristiche veramente interessanti, pro e contro che per ovvie ragioni di spazio non possono essere trattate in maniera esauriente all'interno di questo elaborato (tantomeno potrebbe essere affrontato un discorso completo sul complesso dibattito relativo all'opzione dell'energia nucleare). Tenterò tuttavia di delineare una veloce rassegna di progetti e di dati che ho trovato particolarmente interessanti dalle mie diverse letture.

Secondo i dati dell'*Intergovernamental panel on climate change* (IPCC) attualmente l'energia prodotta da fonti rinnovabili si attesta al 12,9% (vedi Figura 15). Dato che conferma che può essere fatto ancora molto per rendere la produzione di energia più sostenibile. (IPCC, 2011)

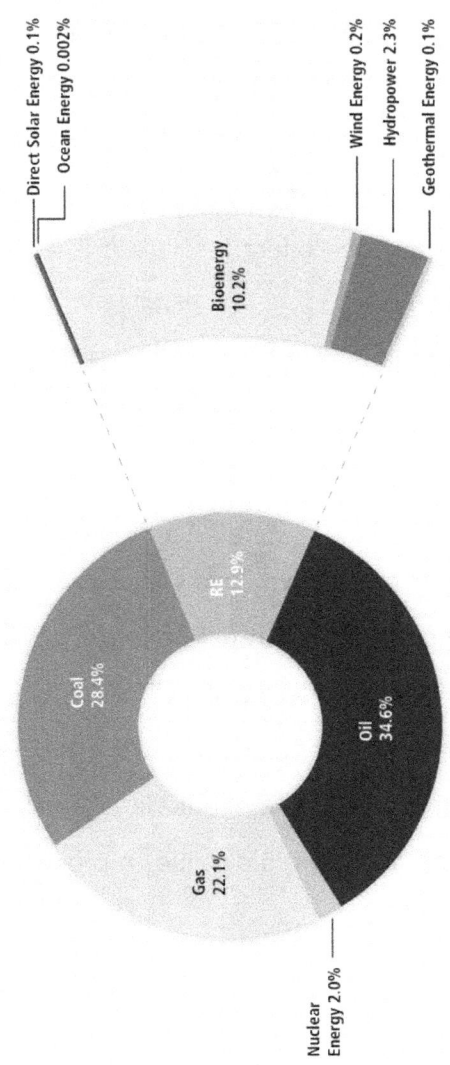

Figura 15 - Composizione fonti di energia mondiale
(Fonte: IPCC, 2011)

Tra i progetti che ho rilevato segnalo quello centrali solari orbitali, discusso dal 1968 (Glaser, 1968) e ritenuto da molti come un'utopia in quanto parecchio costoso da realizzare. L'idea è di trarre l'energia solare dallo spazio dove non esiste il problema dell'intermittenza e l'energia solare è 8 volte più intensa. Gli scienziati propongono di installare in un'orbita fissa dell'ampiezza di un chilometro vari satelliti geostazionari. Ogni satellite (vedi Figura 16), attraverso una serie di riflettori che raccolgono costantemente la luce solare, la dirigono su delle celle fotovoltaiche. Tramite microonde l'energia prodotta potrebbe essere trasmessa a terra e captata da delle stazioni riceventi. Secondo i sostenitori del progetto le microonde sono un sistema efficiente e sicuro per il trasporto dell'energia ma l'opinione pubblica si chiede gli effetti in termini di inquinamento elettromagnetico e del numero di razzi che dovrebbero essere lanciati nello spazio per questo progetto. (Gore, 2009, p. 71)

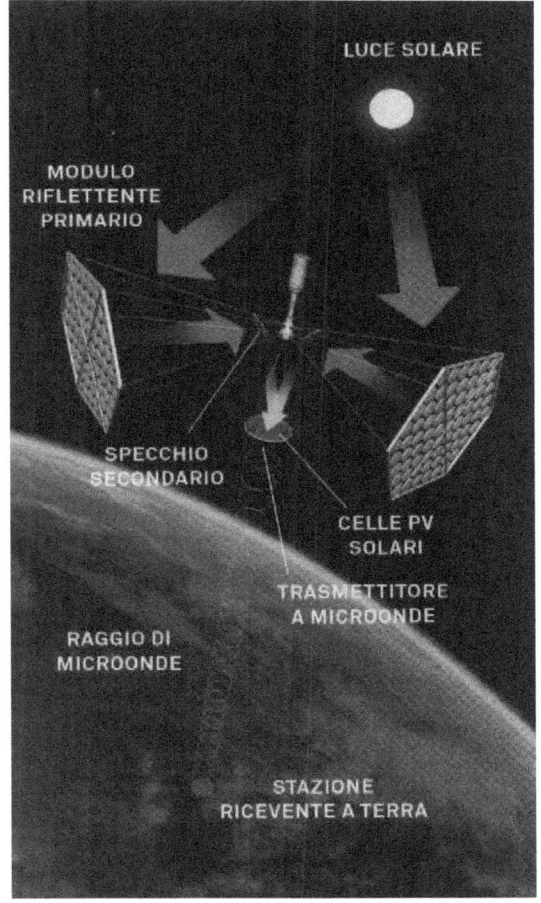

Figura 16 - Rappresentazione di un satellite geostazionario per la produzione di energia fotovoltaica dallo spazio (Fonte: Gore, 2009, p. 71)

L'energia di biomassa può essere prodotta da diverse materie prime: scarti di legname, colture alimentari (mais e canna da zucchero) e da rifiuti urbani, agricoli e industriali che comprendano materia organica. Da queste biomasse si è soliti produrre elettricità, energia termica e combustibili liquidi ma anche materiale bioplastico.

Negli Stati Uniti c'è stato un iniziale forte entusiasmo per l'etanolo (ricavato dal mais, olio da palma e soia) e utilizzato per rimpiazzare parte della benzina usata nelle automobili. L'etanolo tuttavia non è più ecologico dei ricavati dal greggio poiché rilascia quasi la stessa quantità di CO_2 e la sua produzione ha portato addirittura a un aumento dei prezzi dei generi alimentari perché ha convertito alla produzione di carburanti terreni precedentemente destinati alle produzioni alimentari.

La produzione di etanolo nelle bioraffinerie di prima generazione ha comunque avuto un effetto benefico sui coltivatori che si sono attrezzati di una infrastruttura che si dimostrerà molto preziosa quando saranno disponibili tecnologie di seconda generazione per produrre etanolo da colture non commestibili.

Con colture non commestibili utili alla produzione di etanolo di seconda generazione ci si riferisce principalmente al panico verga, al miscanthus e ad altre colture cellulosiche a crescita rapida come pioppi, salici ibridi, sicomoro, liquidamber ed eucalipto.

I rendimenti di queste colture sono decisamente più interessanti (vedi Figura 17).

Mentre l'etanolo di prima generazione è prodotto attraverso un processo di fermentazione delle biomasse che trasforma gli zuccheri e gli amidi in alcol, le tecnologie di seconda generazione consentirebbero di spezzare le più rigide strutture molecolari di piante con maggiore contenuto di cellulosa, emicellulosa e lignina attraverso l'idrolisi che scinderebbe la cellulosa negli zuccheri che la compongono (vedi Figura 18). (Gore, 2009, p. 114-125)

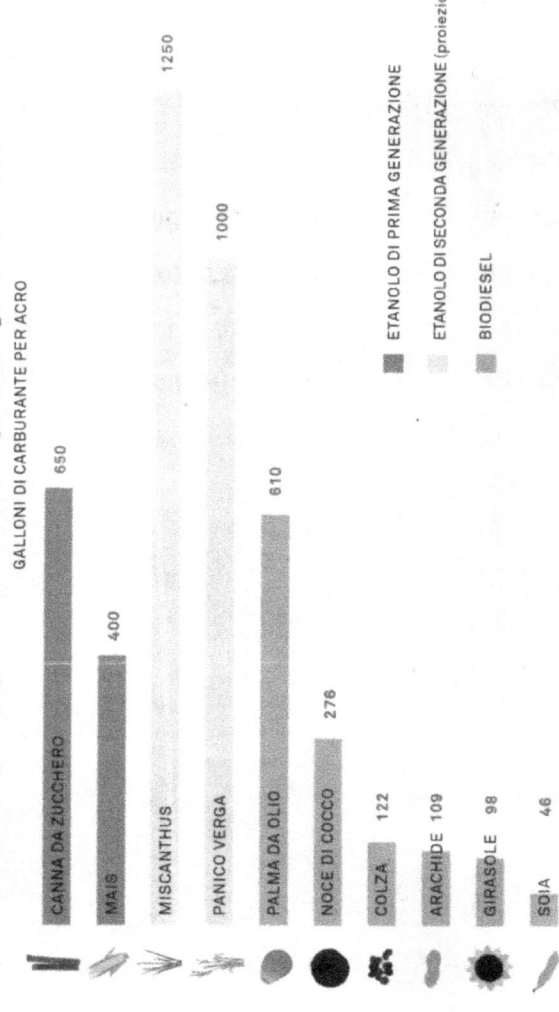

Figura 17 - Rendimento in carburante delle colture di biocombustibili (Fonte: Gore, 2009, p. 122)

COME LA BIOMASSA DIVENTA BIOCOMBUSTIBILE

I biocombustibili di prima generazione convertono biomasse ricche di amidi, come mais, palma o canna da zucchero. Gli amidi della pianta vengono convertiti in zucchero con un processo detto macerazione. I biocombustibili di seconda generazione sono prodotti spezzando la struttura cellulare di piante non commestibili come il panico verga per rilasciare gli zuccheri che contengono. In entrambi i tipi di biocombustibile, gli zuccheri subiscono un processo di fermentazione in cui si produce alcol, che viene poi distillato in etanolo con la corretta gradazione.

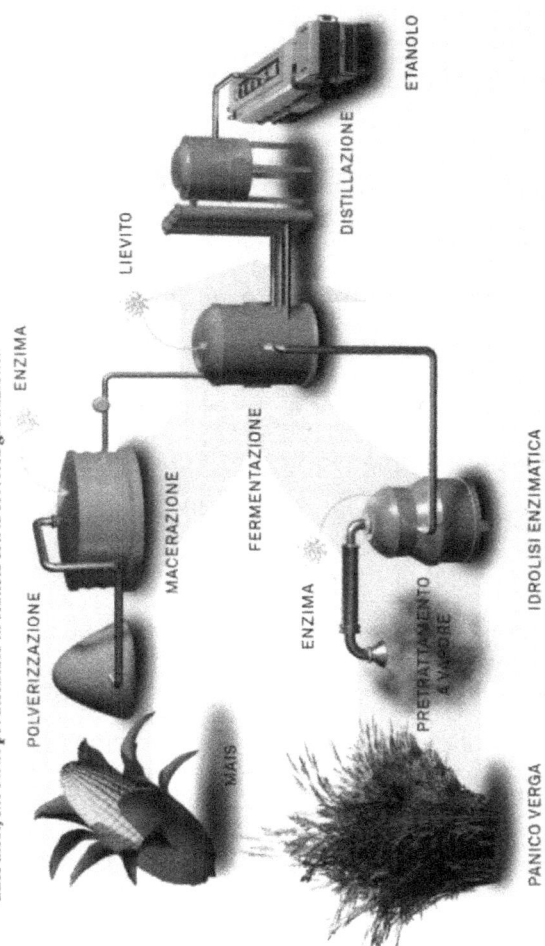

Figura 18 - Come la biomassa diventa combustibile (Fonte: Gore, 2009, p. 125)

Dell'energia eolica, invece, tutti conoscono gli impianti a terra di diversa altezza e dimensione, ma pochi conoscono gli impianti ad alta quota ideati da una start-up tutta italiana, KiteGen (www.kitegen.com).

KiteGen è un progetto leader mondiale per lo sviluppo di una soluzione per la generazione di elettricità attraverso i venti di alta quota. Dopo un lungo lavoro di studio e selezione, Massimo Ippolito ha realizzato un impianto in grado di sfruttare in modo efficace l'energia cinetica di questi venti.

Nel 2012 è stato ultimato il primo prototipo industriale da 3MW a Sommariva Perno (Cuneo), e un altro a Berzano di S. Pietro (Asti) generatori che singolarmente sono in grado di coprire il fabbisogno di circa tremila utenze. L'abbondanza di energia cinetica presente in alta quota è stimata a circa 270 volte il fabbisogno di energia primaria del genere umano. Il prototipo utilizza un sistema di conversione di energia cinetica in elettrica mediante un alternatore. (Hutton, 2012, p. 71-77)

«Una o più ali semirigide, pilotate attraverso un complesso sistema di sensori, attuatori e segnali radio, salgono ad altezze tra i 600 ed i 2000 metri, dove soffiano i forti e costanti venti troposferici. Le ali sono collegate alla stazione a terra tramite funi, realizzate in materiale composito e, per mezzo di esse, esercitano una trazione che aziona gli alternatori posizionati a terra, generando così elettricità. Quando le funi sono interamente srotolate le ali vengono guidate in una configurazione che offre la minima resistenza al vento, e quindi riavvolte, riportando le ali all'altezza minima, per poi ricominciare lo stesso movimento in su ed in giù, come in uno yo-yo. La generazione di energia ed i macchinari che gestiscono l'intero sistema sono a terra, dove vi è una base dalla forma simile ad un igloo, uno stelo lungo circa 20 metri, a cui sono collegate le funi e, all'estremità, l'ala. La base ospita il cuore del sistema: il software gestisce l'intera operazione sulla base di dati ricevuti da una rete di sensori posizionati a bordo dell'ala. In questa maniera le traiettorie di volo possono essere controllate e dirette alla massima produzione di energia, nel rispetto delle specifiche di funzionamento della macchina e garantendo una condizione di assoluta sicurezza. Il ciclo di produzione energetica si articola quindi in due fasi:

1. Fase di generazione: il volo dell'ala nel vento genera una portanza sulle funi, che mette in moto la rotazione di pulegge, tamburi ed alternatori;
2. Fase di recupero: raggiunta l'altezza massima e posta l'ala in condizione di non avere portanza, gli alternatori si comportano

da motori, riavvolgendo le funi sino alla quota in cui l'assetto di volo dell'ala viene ripristinato e riprende il ciclo di generazione. Il consumo di energia in questa fase è pari a una frazione minima di quella prodotta durante lo srotolamento.» (KiteGen, 2016)[13]

Figura 19 - Un prototipo KiteGen STEAM (Fonte: http://www.kitegenventure.com/)

---

[13] Il funzionamento è meglio chiarito nel video https://youtu.be/3fINSbhLhAg e al link http://kitegen.com/i-webinar-di-kitegen/principio-di-funzionamento/

Inquinamento elettromagnetico

L'ambiente in cui viviamo è denso di campi elettromagnetici generati da macchine, impianti e attrezzature. Lo sviluppo e la pervasività della tecnologia implica conseguentemente un aumento all'esposizione di questi campi (elettrici o magnetici).
Ciò che rende pericoloso questo *elettrosmog* sono innanzitutto le modalità con cui si presenta: è invisibile e impercettibile, non ha odore, non ha gusto e non si può toccare con mano. (McLean, 2011, p. 3-4)
Con il termine campo elettromagnetico si intende la presenza nello spazio di un'onda elettromagnetica costituita da componenti elettriche e magnetiche concatenate. (Gavelli, 2011, p. 4)
I campi elettromagnetici esistono anche in natura, il sole e la luce ne sono l'esempio più evidente ma esistono anche moltissimi fenomeni naturali legati ai campi elettromagnetici ed in particolare proprio legati alla luce come i colori, la riflessione, la rifrazione e la diffrazione. L'uomo ha sviluppato tecnologie in grado di produrre campi elettromagnetici per indirizzarli nello spazio ed utilizzarli come veicolo di trasmissione di informazioni

oltre che per svariate applicazioni civili (pensiamo al semplice scaldare della materia), industriali, mediche e militari. (Andreuccetti & Bevitori, 2003, p. 17-18)

I campi magnetici variabili nel tempo, come per esempio quelli generati da elettrodotti, cabine elettriche e impianti elettrici a frequenza di rete, creano nei materiali conduttori (incluso il corpo umano) delle correnti indotte.

Le correnti indotte possono creare, a seconda dell'intensità, effetti di riscaldamento o, nel caso del corpo umano, interferenze con le correnti elettriche biologiche o dispositivi salva vita come i defibrillatori impiantati.

La comunità scientifica è spaccata in due, alcuni sostengono che i campi elettromagnetici influiscano su malattie come la leucemia, i tumori, morbo di Alzhaimer, allergie, stress e depressione, altri affermano che al momento non esistono evidenze scientifiche che dimostrino in maniera certa eventuali effetti cancerogeni dovuti a campi magnetici per valori normalmente riscontrabili. (Gavelli, 2011, p. 7; McLean, 2011, p. 3-4)

I campi elettromagnetici ad alta frequenza (come per esempio le onde radio e telefoni cellulari) producono essenzialmente effetti di riscaldamento nei tessuti esposti.

I limiti di esposizione sono definiti dalla raccomandazione europea 2004/40/CE[14] e sono riferiti agli effetti a breve termine e non tengono conto di eventuali effetti sul lungo periodo non essendo allo stato attuale verificati.

L'Agenzia Internazionale per la Ricerca sul Cancro (IARC) nel 2011 è giunta alla conclusione che le evidenze riportate dai molti studi sono troppo deboli per suggerire una correlazione tra esposizione ai campi a radiofrequenza e insorgenza di tumori giungendo alla conclusione di inserire tali campi nel gruppo 2B finché non saranno disponibili dati scientifici diversi.

La classificazione IARC valuta gli agenti cancerogeni secondo la seguente scala:

- Gruppo 1: L'agente è sicuramente cancerogeno per l'uomo (fanno parte di questa categoria i raggi solari, l'amianto, il benzene, la silice, la polvere di legno, il cromo esavalente);

---

[14] In Italia la legge quadro sul tema è la n. 36/2001 scritta per la protezione dalle esposizioni a campi elettrici, campi magnetici ed elettromagnetici. Essa detta i principi fondamentali per la tutela della salute dei lavoratori professionalmente esposti e della popolazione. Introduce ma non definisce i concetti di limite di esposizione, livello di attenzione e obiettivo di qualità.

- Gruppo 2A: L'agente è probabilmente cancerogeno per l'uomo (fanno parte di questa categoria i raggi ultravioletti)
- Gruppo 2B: L'agente è possibilmente cancerogeno per l'uomo (fanno parte di questa categoria la benzina, il bitume, i fumi di saldatura, il caffè, la saccarina e i campi elettromagnetici in alta frequenza)
- Gruppo 3: L'agente non è classificabile in base alla sua cancerogenicità per gli uomini;
- Gruppo 4: L'agente è probabilmente non cancerogeno per l'uomo. (Gavelli, 2011, p. 7)

In un'ottica di sviluppo sostenibile del pianeta, dell'infrastruttura di rete e dei dispositivi, è necessario, secondo il mio parere, non trascurare ancora per nessuna ragione questo fenomeno soprattutto all'interno della progettazione e della ricerca.

3. Green computing

> Nessuno di noi è in grado di fermare lo sviluppo tecnologico: perché è qualcosa che cammina per conto suo, attraverso sterminate ramificazioni che si estendono ormai in tutto il mondo. Limitarsi a denunciare i rischi dello sviluppo tecnologico non è quindi sufficiente, perché, comunque, la tecnologia continuerà ad avanzare (e la gente a usarla). Quello che si può fare è prender atto di questa situazione e, per quanto possibile, governarla.
>
> Piero Angela, divulgatore scientifico, giornalista e conduttore televisivo.

3.1 Introduzione

Alla luce di quanto detto fino ad ora, le imprese, i governi e la società in generale, hanno un nuovo importante ordine del giorno: affrontare le questioni ambientali e l'adozione di pratiche rispettose dell'ambiente. Nel corso degli anni, la tecnologia dell'informazione ha radicalmente cambiato la nostra vita e migliorato la produttività, l'economia e il benessere sociale. Il settore IT ha però, forse più tacitamente di altri, contribuito ai problemi ambientali. I computer e le infrastrutture ad esso associati, infatti, come è intuibile, consumano quantità significative di energia elettrica. Visti gli sviluppi recenti, questo fabbisogno di energia sta aumentando di giorno in giorno, contribuendo alle emissioni di gas a effetto serra (GHG) oltre a porre problemi circa lo smaltimento dei componenti hardware.

Nasce così una branca di studi denominata *green computing* (o green IT) che si occupa dello studio e della progettazione di sistemi informatici efficienti a ridotto (o del tutto assente) impatto ambientale. Il green computing comprende quindi tutte quelle strategie, pratiche, hardware, software e strumenti che migliorano e promuovono la sostenibilità ambientale del settore IT. (Murugesan & Gangadharan, 2012, p. 1-5)

In questo capitolo cercheremo di delineare uno stato dell'arte della disciplina, dei risultati ottenuti, partendo da una analisi quantitativa e qualitativa dell'impatto ambientale dell'information technology (IT) fino ad arrivare alle attuali applicazioni e pratiche rispettose dell'ambiente.

3.2 Impatto ambientale settore IT

Il settore IT danneggia l'ambiente in diversi modi. In ogni fase del ciclo di vita di un computer – dalla produzione, all'utilizzo e lo smaltimento – quello che appare come uno strumento comune, presenta delle problematiche ambientali non indifferenti.

La fabbricazione dei computer e dei loro vari componenti (elettronici e non) richiede energia elettrica, materie prime, prodotti chimici e acqua; generando inoltre diversi rifiuti pericolosi di scarto. Tutti questi processi aumentano direttamente e indirettamente le emissioni di CO_2 e hanno un impatto sull'ambiente.

Il consumo totale di energia elettrica da parte dei server, computer, monitor, apparecchiature e dei sistemi di raffreddamento è in costante aumento. Questo aumento si traduce in maggiori emissioni di gas serra, una volta assodato che per la produzione di energia utilizziamo prevalentemente combustibili fossili come il carbone, il petrolio e il gas. Si calcola che in media ogni PC genera circa una tonnellata di anidride carbonica all'anno.

I componenti del computer contengono diversi materiali tossici e, sempre più spesso, i consumatori sono costretti a scartare un gran numero di vecchi computer, monitor e altre apparecchiature elettroniche 2-3 anni dopo dal loro acquisto (Murugesan & Gangadharan, 2012, p. 4-5), alcune volte perché superate da tecnologie migliori (la cosiddetta *obsolescenza tecnica*), altre volte perché vi è un precoce declassamento da parte della pubblicità e della moda (*obsolescenza simbolica*), altre volte ancora vi è un'introduzione intenzionale di un difetto di produzione nato per generare oggetti dall'*obsolescenza programmata*. (Latouche, 2015, p. 21) Il risultato è un aumento dei rifiuti elettronici (i cosiddetti e-waste) nelle discariche, con un potenziale danneggiamento delle falde acquifere e una serie di pericoli legati alla salute dell'uomo.[15]

---

[15] Alcune tristi verità sul tema dei rifiuti elettronici si trovano in un interessante reportage dell'Espresso «*Agbogbloshie, come si vive nella più grande discarica di rifiuti elettronici d'Africa*» del 13/4/2015. Il problema degli e-waste è un problema globale. Nel 2013 sono stati venduti in tutto il mondo quasi 50 milioni di televisori a schermo piatto, 300 milioni di computer e circa 2 miliardi di smartphone e cellulari di vecchia generazione. Secondo stime dell'ONU, ogni anno si producono tra i 20 e i 50 milioni di tonnellate di rifiuti elettronici.
Nonostante su ogni dispositivo tecnologico venduto nella UE venga inclusa nel prezzo una tassa di riciclaggio, da impiegare per il regolare smaltimento del dispositivo, oggi si calcola che almeno 2/3 dei rifiuti tecnologici non raggiunga mai un impianto di smaltimento omologato, perché è molto più conveniente mandarlo in Africa. Per riciclare un computer in Germania, infatti, ci vogliono 3,5 euro, mentre smaltire un monitor in Francia ce ne vogliono 5. Inviare un qualsiasi apparato in un container in Ghana non costa più di 1,5 euro.

I dati reperibili sul tema sono moltissimi e tutti abbastanza coerenti fra loro.

Si stima che il mondo digitale, includendo apparati e servizi, incida del 2% sulla produzione mondiale di CO_2. In termini di paragone, il 2% delle emissioni mondiali equivalgono a tutto il sistema dei trasporti aerei o alle emissioni annuali della Svezia. (Aguiari & Provedel, 2013, p. 160-162) L'utenza Internet è il generatore di CO_2 più in crescita di ogni altra sorgente. Alexander Wissner-Gross dell'Harvard University ha calcolato che un utente produce circa 20 milligrammi di CO_2 per ogni secondo speso a navigare su di un sito Web. (Farrar, 2009)

Un interessante studio del 2008 dal titolo «*SMART 2020: Enabling the low carbon economy in the information age*» promosso dal *Global e-Sustainability Initiative* (o GeSI) ha prodotto in-

---

In alcune aree di Agbogbloshie la concentrazione di piombo nel suolo supera del 1000% quella tollerata dagli standard internazionali, mentre l'inquinamento delle falde acquifere del fiume Odaw ha comportato la drastica riduzione della biodiversità della laguna Korle Bu. I lavoratori di queste discariche sono esposti continuamente a sostanze tossiche come il mercurio, i ritardanti di fiamma bromurati o il cadmio. L'accumulo di queste sostanze nel corpo produce a medio e lungo termine malattie invalidanti irreversibili: cefalee, tosse, eruzioni cutanee, aborti involontari, problemi all'apparato riproduttivo e vari tipi di tumore.
Il volume d'affari che si cela dietro questo business è legato ai metalli preziosi, basti pensare che il 10% dell'oro di tutto il mondo si impiega nella fabbricazione di apparati elettronici e che 50 mila cellulari contengono 1 kg d'oro e 10 d'argento. (Attanasio & Giorgi, 2015)

teressanti stime circa quello che sarà l'impatto del settore ICT nel 2020. I risultati sono riportati in Figura 20 e includono le azioni di riduzione di emissioni rese possibili da innovazioni tecnologiche e dall'uso di fonti di energia rinnovabile. (GeSI, 2008)

Inevitabile è quindi l'urgente necessità di adoperarsi affinché gli impatti ambientali del settore IT non si sommino a tutti quelli già discussi nel capitolo precedente.

Fonti di emissione CO_2	Emissioni 2007 (in MtCO2e)	Percentuale 2007	Emissioni 2020 (in MtCO2e)	Percentuale 2020
Totale mondo	830	100%	1430	100%
• di cui server farm	116	14%	257	18%
• di cui telecomunicazioni, infrastrutture e apparati	307	37%	358	25%
• di cui PC e periferiche	407	49%	815	57%
MtCO2e = Migliaia di CO2 equivalenti				

Figura 20 - Emissione CO_2 dell'ICT tra il 2007 e il 2020 (Fonte: GeSi, 2008)

3.3 Forme di approccio al green computing

Il green computing si compone di tre dimensioni fondamentali:
1. l'efficiente e l'efficace progettazione, produzione, uso e smaltimento di hardware, software e sistemi di comunicazione senza o con un impatto minimo sull'ambiente;
2. l'uso dell'IT e dei sistemi informativi per potenziare o supportare altre iniziative ambientali a livello aziendale (si pensi alla dematerializzazione dei documenti);
3. lo sfruttamento del IT per contribuire a creare consapevolezza circa le questioni ambientali tra le parti interessate e promuovere l'agenda green e le iniziative "verdi".

Il green computing non è quindi solo la creazione di sistemi informatici ad alta efficienza energetica (hardware, software e applicazioni), anche se questa è una delle sue componenti principali, ma è anche l'uso dell'IT per creare processi e pratiche di business eco-sostenibili ivi inclusi i trasporti e l'uso dell'energia all'interno degli edifici. L'IT, inoltre, è in grado di supportare la diffusione di iniziative ambientali contribuendo a creare una consapevolezza "verde" attraverso il web, i social networks, i wiki ecc.

I primi studi di green computing (detti Green IT 1.0) erano concentrati sulla riprogettazione dei prodotti IT per migliorarne l'efficienza energetica, massimizzarne l'uso e rispettare i requisiti che iniziavano a venire imposti dalla legge. Gli studi successivi (detti Green IT 2.0) si concentrano anche su aspetti esterni come la trasformazione del business delle imprese in un'ottica sostenibile in cui giocano un ruolo fondamentale le tecnologie IT. Quindi il comparto IT, oltre a diventare esso stesso green, secondo questi studi può aiutare a creare un ambiente maggiormente sostenibile attraverso:

- Una migliore coordinazione, una reingegnerizzazione e ottimizzazione della supply chain;
- rendendo le operazioni commerciali, gli edifici e gli altri sistemi ad alta efficienza energetica;
- supportando i processi decisionali attraverso l'analisi, la modellazione e la simulazione degli impatti ambientali;
- fornire piattaforme per l'eco-gestione e lo scambio delle emissioni;
- fornire auditing e reporting sul consumo di energia e sul risparmio della stessa;
- offrire sistemi di knowledge management ambientale e sistemi di supporto alle decisioni.

Per raggiungere la totale sostenibilità ambientale dell'IT è necessario utilizzare un approccio olistico ovvero un approccio che sfrutta le conoscenze di diverse discipline e che affronta il problema lungo sei direzioni complementari, queste sono:

1. *Green design*: Progettazione di componenti, computer, server e attrezzature di raffreddamento a basso consumo energetico e a ridotto impatto ambientale;
2. *Green manufacturing*: Produzione di componenti elettronici, computer e altri sottosistemi associati con minimo o nessun impatto sull'ambiente;
3. *Green use*: Riduzione del consumo di energia dei computer e di altri sistemi di informazione, utilizzandoli in maniera compatibile con l'ambiente;
4. *Green disposal*: Riparazione e riutilizzazione di vecchi computer, corretto riciclo di computer e altri rifiuti elettronici.
5. *Green standard and metrics*: Creazione di standard e metriche utili a promuovere il confronto e l'analisi comparativa di sostenibilità di iniziative, prodotti, servizi e pratiche.

6. *Green IT strategies and policies*: Realizzazione di strategie e politiche efficaci e attuabili capaci di creare benefici a breve e lungo termine. (Murugesan & Gangadharan, 2012, p. 5-7)

3.4 Aree di intervento del green computing

3.4.1 Green devices e hardware

Se da un lato i dispositivi elettronici migliorano la qualità della nostra vita dall'altro hanno un impatto negativo sulle risorse disponibili e sull'ambiente. Un uso prudente e consapevole della tecnologia è urgente e rappresenta il primo passo verso una pratica più sostenibile.

Il numero di computer e di altri dispositivi elettronici è in aumento in maniera esponenziale e, fenomeno ancora più preoccupante, è che i nuovi dispositivi continuano a sostituire con gran velocità le vecchie versioni lasciando dietro una scia di dispositivi obsoleti ovvero di rifiuti elettronici.

Durante le prime fasi della *rivoluzione elettronica*, detta anche *rivoluzione digitale*, lo sviluppo dei prodotti si orientava verso la ricerca di migliorie in termini di velocità di elaborazione e di riduzione dei costi di produzione. Fino a poco tempo fa, pochissima attenzione era stata dedicata invece alla minimizzazione o ottimizzare del consumo di energia elettrica dei dispositivi. Con l'avvento dei dispositivi alimentati a batteria come i computer portatili e telefoni cellulari, il consumo di energia ha iniziato a diventare un aspetto importante per la progettazione. Tuttavia, l'impatto ambientale, soprattutto nella fase di smaltimento dei dispositivi, è stato largamente ignorato. Molti dispositivi infatti, in particolare quelli costruiti durante la prima fase della rivoluzione elettronica, contengono materiali tossici potenzialmente pericolosi, che oggi occorre smaltire nelle modalità corrette e in sicurezza.

Da questa esperienza l'uomo ha capito che è indispensabile esaminare attentamente i materiali utilizzati nella fabbricazione per garantire il minimo impatto sull'ambiente, anche durante la fase di smaltimento.

Per rendere gli hardware sostenibili ci deve essere uno sforzo concertato in ogni fase del ciclo di vita del prodotto: dal momento in cui il dispositivo è concepito, al suo sviluppo, al momento in cui viene utilizzato e riciclato o smaltito.

Ogni fase del ciclo di vita ha diversi livelli di impatto ambientale. Il tipico ciclo di un dispositivo si compone di cinque fasi (vedi Figura 21):

1. Design e progettazione;
2. Produzione;
3. Imballo e trasporto;
4. Utilizzo;
5. riutilizzo o smaltimento. (Murugesan & Gangadharan, 2012, p. 23-25)

Figura 21 - Ciclo di vita di un dispositivo hardware

Design e progettazione

Nella fase di progettazione, viene concepita l'idea del dispositivo e si procede alla progettazione, alla prototipazione e ai test. Anche se questa fase non ha un impatto diretto sull'ambiente, le decisioni assunte nella fase di progettazione possono avere un effetto enorme sull'impatto ambientale delle altre fasi.

Quando un dispositivo entra in fase di progettazione, il primo passo dovrebbe essere quello di fissare, in parallelo alla concettualizzazione, gli obiettivi ambientali. Quando si giunge alla fase di prototipazione bisogna valutare se il dispositivo è stato in grado di soddisfare tutti gli obiettivi ambientali che sono stati fissati. Il prototipo deve essere migliorato fino a quando gli obiettivi non sono stati raggiunti.

Le valutazioni dovrebbero includere un'analisi di quelle che sono anche le esigenze ambientali delle fasi successive: produzione, trasporto, utilizzo e smaltimento.

Produzione

Il processo di produzione è una delle principali fonti di impatto ambientale nel ciclo di vita di un dispositivo. I processi produttivi, infatti, impiegano molte risorse (materie prime, acqua ed energia elettrica) e creano diverse categorie di rifiuti, alcuni dei quali sono tossici. Per esempio, secondo un rapporto delle Nazioni Unite, la produzione di un personal computer desktop consuma 240 kg di combustibili fossili, 22 kg di sostanze chimiche (incluse sostanze chimiche pericolose) e 1,5 tonnellate di acqua (United Nations Environment Programme, 2004).

Le linee guida dell'Electronic Product Environmental Assessment Tool[16] (o EPEAT), oltre a essere regole per partecipare al relativo sistema di certificazione, rappresentano un ottimo punto di partenza per capire quanto un dispositivo sia "green" e cosa si può fare per migliorarlo. L'organizzazione, con i suoi periodici report, aiuta anche i consumatori ad effettuare scelte più consapevoli negli acquisti.

Il sistema di rating EPEAT tiene conto dei seguenti aspetti:

- Riduzione o eliminazione dei materiali ecologicamente sensibili;
- Selezione del materiale;
- Progettazione che tenga conto della fine della vita del prodotto;
- Longevità del dispositivo o forme di estensione della vita dello stesso;
- Risparmio energetico;
- End-of-life management;
- Performance aziendali;

---

[16] Reperibili sul sito ufficiale www.epeat.net

- Packaging.

I materiali pericolosi e dannosi per l'ambiente che i dispositivi elettronici possono contenere sono il piombo (Pb), cadmio (Cd), mercurio (Hg), cromo esavalente (Cr6 +), bifenili polibromurati (PBB), eteri di difenile polibromurato (PBDE), l'arsenico e il cloruro di polivinile (PVC). È importante ridurre, se non eliminare, l'impiego di questi materiali sia nel dispositivo che nel processo produttivo.

La Figura 22 presenta un breve riassunto delle sostanze chimiche pericolose utilizzate nella produzione di vari dispositivi elettronici e dei loro effetti sugli esseri umani.

Le emissioni di CO_2 delle aziende produttrici possono essere ridotte impiegando tecniche di risparmio energetico e attraverso l'utilizzo di energia ricavata da fonti rinnovabili. Tali misure, oltre ad aiutare l'ambiente, proiettano una buona immagine pubblica.

Materiale	Utilizzato per	Effetti sull'uomo
Piombo	Circuiti, schede madri e monitor di vetro	Agisce sul sistema nervoso, sistema ematopoietico e reni
Cadmio	Saldature a bassa temperatura, placcature di protezione contro la corrosione, coloranti in plastica e pulsanti di contatto a relè	Danneggia il fegato ed i reni
Mercurio	Monitor e batterie	Colpisce il sistema immunitario, causa mutazioni genetiche, altera il sistema enzimatico e danneggia il sistema nervoso
Etere di difenile polibromurato (PBDE) e bifenili polibromurati (PBB)	Ritardanti di fiamma	Estremamente tossici
Arsenico	Produzione di semiconduttori	Colpisce la longevità cellulare
Cloruro di polivinile	Produzione di parti di computer	Agente cancerogeno con effetti negativi anche sul sistema riproduttivo umano

Figura 22 - Sostanze chimiche pericolose utilizzate nella produzione di dispositivi elettronici ed effetti sull'uomo (Fonte: Murugesan & Gangadharan, 2012, p. 27)

Imballaggio e trasporto

Imballaggio e trasporto contribuiscono anch'essi nel ciclo di vita di un dispositivo. I due contributi principali in questo segmento sono i materiali utilizzati per l'imballaggio e le emissioni di anidride carbonica emessa dai veicoli utilizzati per il trasporto.

Poiché la produzione dei materiali utilizzati per il confezionamento di un dispositivo hanno un effetto sulle emissioni di CO_2, la quantità di materiale utilizzato per il confezionamento deve essere mantenuta al minimo indispensabile pur garantendo integrità e sicurezza nel trasporto del dispositivo. Le dimensioni del dispositivo hanno un effetto sulla quantità di imballaggi necessaria, quindi, anche durante la fase di progettazione, nei limiti del possibile e dell'usabilità del prodotto stesso, deve essere fatto uno sforzo per rendere il dispositivo il più compatto possibile.

Materiali ecocompatibili come la carta riciclata e il cartone riciclato possono essere utilizzati come materiali di imballaggio mentre l'inchiostro di soia può essere utilizzato per la stampa.

Un packaging adatto al trasporto di prodotti elettronici a ridotto impatto ambientale deve quindi avere:

1. Materiali di imballaggio facilmente separabili e riciclabili;

2. Una quantità di materiali di imballaggio mantenuta all'indispensabile;
3. Uso ridotto di nastri adesivi e di adesivi, preferendo l'uso delle "pieghe" negli imballaggi in cartone;
4. Tutti gli additivi, vernici e inchiostri che vengono aggiunti al pacchetto dovrebbero essere eco-friendly;
5. Sostituire la documentazione cartacea con documenti reperibili nel web.

Il trasporto di merci infine, come vedremo meglio nel Capitolo 4 dedicato all'e-commerce sostenibile, è fattore di numerose emissioni di carbonio. Il design del dispositivo dovrebbe facilitare forme di trasporto intelligenti che minimizzano il numero di viaggi dai centri di produzione a quelli di distribuzione.

Uso

Figura 23 - Il marchio Energy Star

Come già detto, i dispositivi elettronici utilizzano una notevole quantità di energia elettrica. Il sistema di certificazione Energy Star (www.energystar.gov) aiuta i clienti a scegliere dispositivi a basso consumo energetico e, di conseguenza, a ridurre il loro costi e consumi. È noto per il marchio (vedi Figura 23), una stella bianca su fondo blu con la scritta "energy", che compare su molte periferiche e prodotti informatici.

Dal momento che i migliori modelli di utilizzo sono strettamente legati alle caratteristiche con cui un dispositivo è stato progettato, è importante che i produttori forniscano linee guida sulle migliori pratiche di utilizzo per ottimizzare le performance energetiche e minimizzare l'impatto sull'ambiente. Ad esempio è convinzione diffusa che, per assicurare una maggiore durata della batteria, la batteria deve essere "svuotata" completamente prima di poter essere ricaricata nuovamente. Questa affermazione non è necessariamente vera per tutti i tipi di batterie. In caso di batterie agli ioni di litio, il numero massimo di cicli di carica diminuisce con l'aumento della profondità di scarica (Buchmann, 2016).

In commercio si trovano diversi apparecchi, come quelli proposti da Kill A Watt® (www.p3international.com), che aiutano a misurare in tempo reale la quantità di energia consumata da un dispositivo per valutarne l'efficienza e le configurazioni ottimali. Altri prodotti della stessa azienda disattivano le diverse spie luminose dei dispositivi in stand-by. (Murugesan & Gangadharan, 2012, p. 25-29)

Nelle pagine che seguono proporrò una lista di considerazioni/suggerimenti su come ottimizzare l'efficienza energetica di computer portatili, computer desktop, dispositivi mobili e dispositivi specializzati.

I computer portatili

I computer portatili sono generalmente alimentati da una batteria ricaricabile, che quando in buono stato, alimenta il dispositivo per circa 3-5 ore. La batteria viene ricaricata con l'aiuto di un caricatore, che può caricare la batteria indipendentemente dal fatto che il dispositivo sia in esecuzione o meno. La durata di una batteria è generalmente breve, si stima che essa possa avere circa 300-600 cicli di ricarica. Ciò comporta la necessità di sostituire la batteria alcune volte durante la vita di un computer portatile, contribuendo così all'aumento dei rifiuti elettronici.

I computer portatili sono caratterizzati dall'impiego di display a cristalli liquidi (LCD) o di monitor a LED, che sono integrati al dispositivo. Monitor e CPU consumano la quota maggiore di energia che viene utilizzata dal laptop (Mahesri & Vardhan,

2005; Roberson, et al., 2002). Più grande è il monitor, maggiore è il consumo energetico del computer portatile (Albert, 2009) e, più intense sono le operazioni eseguite dal processore, maggiore è il suo consumo di energia elettrica.

I caricabatterie convertono l'energia elettrica proveniente delle prese da alternata (o AC) a continua (o DC) e ne diminuiscono il voltaggio. Questo avviene finché il caricabatterie è collegato alla presa di corrente, indipendentemente dal fatto che il portatile sia collegato o meno al caricabatterie, con conseguente spreco di energia. Quindi è importante spegnere l'alimentazione e staccare il caricatore dalla presa di corrente quando questo non è in uso o non in carica. In commercio si trovano anche caricabatterie che risolvono questo problema (come iGo Green Laptop Wall Charger, www.igo.com) in grado di rilevare autonomamente se al caricabatterie è collegato a un computer portatile e, in caso contrario, disattivarsi.

I monitor consumano circa il 20-30% dell'energia totale utilizzata da un computer portatile. Le strategie relative ai monitor che aiutano a ridurre il consumo di energia sono le seguenti:

1. Ridurre la luminosità del monitor a un livello appropriato. Uno schermo più luminoso consuma più energia;

2. Quando qualche attività in background è in esecuzione sul computer e non vi è alcuna necessità di utilizzare il monitor durante questo tempo, spegnere il monitor invece di utilizzare screen saver;
3. La maggior parte dei sistemi operativi forniscono un profilo di risparmio energetico che, una volta attivato, riducono la quantità di energia consumata dal computer. Utilizzare questi profili aiuta l'ambiente. (Mahesri e Vardhan, 2005)

I processori dei computer portatili consumano anche molta energia nel momento in cui svolgono attività di calcolo intense come la crittografia, l'analisi, l'esecuzione di giochi e elaborazioni di video o immagini. Possiamo ottimizzare i consumi di energia nei seguenti modi:

1. I processi in background e le altre applicazioni che non vengono utilizzate sono tenuti in esecuzione mantenendo il processore sempre attivo, con conseguente spreco di energia. Chiudere le applicazioni non in uso e fermare i processi in background, oltre a rendere più veloce il computer, permettono di consumare meno energia;

2. Quando un compito richiesto al computer inizia a richiedere più tempo di quello che sarebbe normalmente necessario, è probabile che ci siano inefficienze nel multitasking della CPU. Il consiglio in questo caso è di ridurre il numero di attività in esecuzione;
3. I processi che sono impostati per iniziare all'avvio incidono sulla quantità di tempo necessario ad avviare il computer con una maggiorazione tempo in cui risulta improduttivo e inutilizzabile. Mantenere il numero di processi in start-up al minimo è un'ottima strategia;
4. Quando si utilizzano i giochi o altre applicazioni multimediali, maggiore è il livello di dettaglio, maggiore è la potenza di elaborazione consumata. Quindi, a scapito della qualità, se è possibile, è preferibile mantenere il livello di dettaglio ad una soglia semplicemente "accettabile".

Un'altra componente importante nel consumo di energia di un portatile è il disco rigido. Poiché dischi rigidi sono dispositivi fisici, consumano relativamente più energia rispetto a molti altri componenti elettronici. Diminuendo gli accessi e quindi la rotazione del disco rigido si ha un minore consumo di energia. È buona pratica la periodica deframmentazione dei dischi la quale evita che i file siano inseriti in modo sparso all'interno del supporto e permettendo una ricezione più veloce delle risorse.

Le unità a stato solido (SSD) sono note per consumare meno energia rispetto alle unità disco rigido (HDD) e le tratteremo nel dettaglio nel paragrafo 3.4.2 dedicato al data storage.

Le periferiche collegate al computer consumano energia, anche se non sono in uso (ad esempio i dispositivi collegati alle porte USB). Quando questi dispositivi esterni non sono in uso, è meglio staccarli dalle porte.

La maggior parte dei computer portatili è in grado di supportare almeno due modalità di risparmio energetico: standby e ibernazione. In modalità stand-by, i dispositivi interni del computer portatile e le unità ottiche sono spenti, ma la RAM resta accesa per facilitare la ripresa istantanea delle attività. La modalità di ibernazione rende il portatile completamente spento ma riduce il successivo tempo di avvio. Quando un computer portatile passa alla modalità ibernazione, lo stato della macchina viene memorizzato sul disco rigido, e tutti i dispositivi (inclusa la RAM) vengono spenti. Quando il computer viene ripreso da questo stato, le informazioni sullo stato del disco rigido vengono ricaricate nella RAM. Questa modalità, rispetto allo standby, può essere preferita quando ci allontaniamo dal computer per un periodo di tempo più lungo. (Murugesan & Gangadharan, 2012, p. 29-32)

Computer desktop

I computer desktop sono PC fissi pensati per l'utilizzo in elaborazioni ad alta intensità. Il vantaggio di un computer fisso rispetto a quello portatile è quindi una maggiore potenza di calcolo oltre ad essere più scalabile e a permettere una sostituzione più agevole di parti danneggiate, non funzionanti o obsolete.

Un tipico computer desktop utilizza circa 115W di potenza. I primi monitor a tubo catodico (CRT) utilizzati fino a pochi anni fa consumavano molta energia e sono ormai considerati inefficienti. Un tipico monitor 17" CRT consumava circa 80W rispetto ai 28W consumata da un 19" LCD oltre a contenere molti materiali ecologicamente sensibili.

I sistemi per una gestione energetica efficiente dei monitor sono stati descritti nella sezione precedente dedicati ai computer portatili e si applicano anche ai computer desktop. I processori utilizzati nei desktop consumano molta più energia rispetto ai loro omologhi di laptop. Le tecniche suggerite per ottimizzare l'uso energetico di processore e di hard disk sono equivalenti, anch'essi, a quelli dei computer portatili.

Differisce invece l'alimentazione che nei pc fissi diventa esterna e senza l'impiego di batterie. Nelle imprese, dove ci sono molti computer desktop, è importante monitorare l'uso per ottenere un quadro olistico sulla loro efficienza di utilizzo. In aiuto vengono strumenti come TED (www.theenergydetective.com) utili per valutare le tendenze di utilizzo di potenza presentando i dati sotto forma di un "cruscotto" (vedi Figura 24).

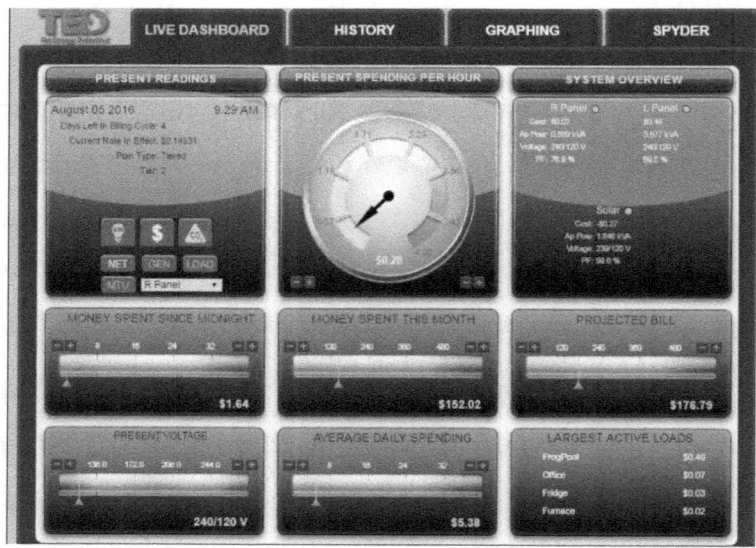

Figura 24 - Il "cruscotto" di TED (Fonte: www.theenergydetective.com)

Questi strumenti possono aiutare i manager a stabilire dove è necessario intervenire per migliorare l'efficienza energetica della propria impresa. (Murugesan & Gangadharan, 2012, p. 32-33)

Dispositivi mobili

I dispositivi mobili comprendono telefoni cellulari, computer palmari (Personal Digital Assistant) e altri dispositivi intelligenti portatili. Questi dispositivi sono di piccole dimensioni e sono alimentati da una piccola batteria ricaricabile sono progettati per il funzionamento con un basso consumo energetico.

I dispositivi mobili utilizzano caricatori esterni per le batterie. L'efficienza energetica di questi caricabatterie è tendenzialmente bassa ed è comune, tra l'altro, la pratica da parte di molte persone di mantenere collegato il caricabatterie alla presa di corrente anche mentre i dispositivi mobili sono scollegati. Deve essere creata consapevolezza tra gli utenti che i caricabatterie in questa modalità consumano energia e si danneggiano. (Murugesan & Gangadharan, 2012, p. 33-34)

Dispositivi specializzati

I dispositivi specializzati sono progettati per uno scopo specifico. Lo sono le console da videogioco, particolari attrezzature mediche come le macchine a raggi X e per la tomografia computerizzata, gli scanner ecc.

Anche questi dispositivi in condizioni di standby consumano energia, fino a circa i due terzi della potenza che il dispositivo consuma quando viene utilizzato. Per tali ragioni, anche in questo caso, è importante disattivare i dispositivi in modo da essere spenti quando non in uso. Le console da videogioco hanno potenti processori grafici che consumano molta energia. Si tratta di una pratica comune tra gli utenti di queste console, per esempio, lasciarli in modalità di pausa per lunghi periodi di tempo per completare altre operazioni, questo si traduce in spreco di energia. È importante creare consapevolezza sulle dimensioni di consumo tra gli utenti di questi dispositivi. (Murugesan & Gangadharan, 2012, p. 34)

Riutilizzare, Riciclare e smaltire

Cellulari e computer portatili, così come alcuni altri gadget elettronici, diventano obsoleti molto rapidamente, in genere dopo circa due anni, grazie ai continui progressi nella tecnologia e l'introduzione di nuovi dispositivi con funzionalità sempre più avanzate. Questo porta all'accumulo di molti rifiuti elettronici. La maggior parte di questi dispositivi finiscono nelle discariche di cui, alcuni, vi giungono addirittura ancora funzionanti. In molti paesi in via di sviluppo a causa della mancanza di sufficienti conoscenze circa la tossicità delle sostanze chimiche coinvolte e la mancanza di regolamenti di specifici, sono utilizzate metodologie di riciclo insalubri, che portano a rischi per la salute e a forme di inquinamento pericolose per le popolazioni locali e non. Il modo più semplice per ridurre i rifiuti elettronici è senza dubbio aumentare la durata della vita di questi dispositivi.

Esiste un bel libro di Giovanna Sissa sul riutilizzo di vecchi computer dal titolo *Il computer sostenibile*, edito FrancoAngeli nel 2008, in cui si sottolinea che, per certe operazioni in cui non è necessario un computer dalle alte prestazioni, aumentare la vita di un vecchio dispositivo è una scelta molto saggia ed è uno dei modi più semplici per diminuire la quantità dei rifiuti elettronici prodotti. Scegliere un computer con prestazioni ridotte non significa necessariamente di «rinunciare al nuovo ma di sceglierlo nella maniera corretta, evitando di prendere un TIR per portare la spesa a casa [...] Se consideriamo i programmi che utilizziamo, e come li utilizziamo, ci rendiamo conto che acquistiamo strumenti complicatissimi per utilizzarli per una frazione minimale delle loro capacità» (Sissa, 2008, p. 118). Ci sono un sacco di costi ambientali coinvolti nella produzione di un nuovo dispositivo, per questo diventa importante usare un computer per tutta la sua vita piena prima di disfarsene. È stato dimostrato che il riutilizzo di un computer è 20 volte più efficace nel risparmio energetico rispetto al riciclaggio. (Computer Aid International, 2010)

Quando il riutilizzo non è una valida opzione, la soluzione migliore è quella di riciclare. Nel processo di riciclo, la maggior parte dei materiali del dispositivo originale vengono reimpiegati come materie prime per crearne uno nuovo, con un conseguente minore spreco. Molti produttori hanno i loro programmi di riciclaggio per incoraggiare i clienti a restituire i dispositivi esausti alle aziende produttrici.

Nel 2009, gli Stati Uniti hanno generato 3,19 milioni di tonnellate di rifiuti elettronici. Di questo importo, secondo l'EPA soli 600.000 tonnellate (il 17,7%) è stato riciclato. Il resto è stato cestinato nelle discariche o negli inceneritori comuni. (Murugesan & Gangadharan, 2012, p. 34-36)

3.4.2 Green data storage

Le soluzioni di memorizzazione dati variano ampiamente nella loro complessità, configurazione e dimensioni in base alla natura dei dati che devono contenere, ai modelli di accesso e alla rilevanza dei dati stessi. Il consumo di energia delle diverse soluzioni di memorizzazione dati, come accennato, varia ampiamente. Nei sistemi attuali, l'energia utilizzata per archiviazione è minore rispetto al consumo di energia per il calcolo, la ventilazione e il condizionamento dell'aria (HVAC). Tuttavia, con la crescita dei dati, sia online che offline (si pensi al fenomeno dei Big Data), i sistemi di storage stanno diventando una componente significativa nelle emissioni di CO_2 prodotte dal settore IT. Da qui l'interesse e la necessità di rendere i sistemi di data storage più green.

La maggior parte dei dati sono in genere memorizzati in sistemi di storage basati su disco rigido. Tuttavia, le soluzioni di storage basate su unità flash o unità a stato solido (SSD) stanno guadagnando campo sul mercato, in particolare per la memorizzazione di dati ad accesso frequente. I dati near-line o offline sono in genere memorizzati utilizzando sistemi di storage basati su nastro. La Figura 25 mostra i diversi tipi di supporti di memorizzazione. Il costo e la velocità di accesso ai dati aumenta da nastro a SSD, mentre la capacità di archiviazione totale, di solito, aumenta dai dispositivi solidi SSD a quelli a nastro. (Murugesan & Gangadharan, 2012, p. 113-115)

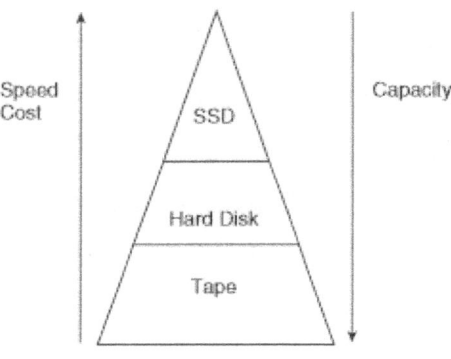

Figura 25 - Sistemi di data storage (Fonte: Murugesan & Gangadharan, 2012, p. 114)

Consumi energetici dei sistemi di data storage

Le caratteristiche di funzionamento dei diversi dispositivi di data storage influenzano il loro consumo energetico in quantità diverse.

Hard disk drive (HDD)

I dischi rigidi sono il supporto di memorizzazione non volatile più comune. Un hard disk drive (HDD) contiene piatti di disco su un mandrino rotante e testine di lettura-scrittura galleggianti sopra questi piatti. Le testine di lettura-scrittura codificano i dati magneticamente. Il consumo di energia di un disco rigido nei diversi stati di funzionamento può variare notevolmente.

La maggior parte potenza viene consumata dal mandrino rotante, seguito dal gruppo della testina che si muove lungo i piatti del disco per raggiungere i settori richiesti.

La potenza complessiva (P_{totale}) di un disco rigido è la somma della potenza consumata dal motore mandrino ($P_{mandrino}$), della potenza consumata dal movimento della testina ($P_{testina}$) e la potenza consumata da altri componenti (P_{other}) che è relativamente piccola e include la potenza consumata dal buffer che gestisce l'accodamento delle richieste dati.

$$P_{totale} = P_{mandrino} + P_{testina} + P_{other}$$

L'accesso casuale provoca più movimenti della testina degli accessi sequenziali, e quindi porta a un più alto consumo di energia.

I dischi rigidi possono trovarsi in uno dei seguenti quattro stati di consumo: attivo, standby, inattivo o dormiente (vedi Figura 26).

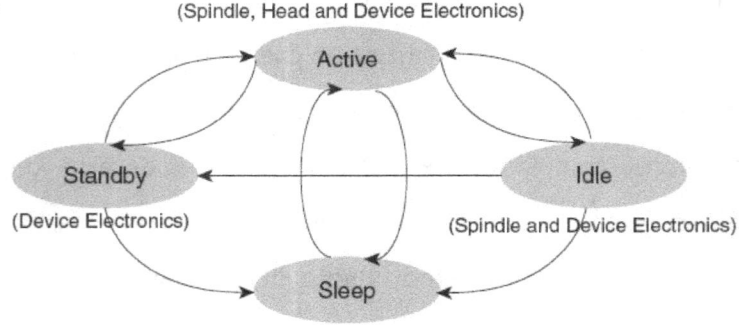

Figura 26 - Stati di consumo degli hard disk meccanici (HDD) (Fonte: Murugesan & Gangadharan, 2012, p. 116)

Ciascuno di questi quattro stati di consumo è governato dagli stati di alimentazione dei tre sottocomponenti principali: il motore del mandrino, il gruppo della testina e l'elettronica del dispositivo.

Nello stato *attivo*, tutti i tre componenti sono accesi. Il consumo energetico varia in base al grado di movimento della testina. Se le richieste di lettura-scrittura sono di natura sequenziale, il movimento della testa è relativamente minimo e, quindi, il consumo energetico è determinato principalmente dalla velocità di rotazione del mandrino.

Nello stato *inattivo*, solo il motore del mandrino e i dispositivi elettronici sono accesi e la testina normalmente non consuma energia poiché, in questa condizione, nessuna richiesta viene effettivamente servita (e quindi $P_{testina} \approx 0$. Il transito tra gli stati di inattività e attiva è istantaneo.

Nello stato di *standby*, solo l'elettronica del dispositivo risulta accesa. Il mandrino è a riposo, ma la coda dei buffer resta accesa per facilitare l'accodamento di nuove richieste, e il disco è ancora in grado di rispondere a domande diagnostiche dal sistema di controllo. La potenza consumata in questo stato è molto inferiore rispetto allo stato attivo o inattivo ($P_{standby} = P_{other}$). Lo svantaggio principale, tuttavia, è che la transizione dalla modalità standby alla modalità inattivo o attivo richiede molto tempo, in genere circa 8-10 secondi, per permettere al mandrino di entrare in funzione e raggiungere la giusta velocità.

Nello stato *dormiente*, tutti i componenti sono spenti. La cosa importante da notare qui è la differenza nei tempi di transizione tra i diversi stati e la potenza consumata per la transizione.

La *transizione di stato* è il processo di transizione di un disco rigido a diversi stati di funzionamento in base al suo modello di accesso o periodo di inattività. Si tratta di una tecnica comunemente usata per la gestione dell'energia dei dispositivi di memorizzazione. Spesso, per aumentare i periodi di inattività, gli accessi al disco sono ridotti al minimo attraverso memorizzazione nella cache (processo di *caching*).

I dischi rigidi sono accessibili tramite diversi tipi di bus. In base al tipo di bus, i dischi rigidi possono essere classificati in Advanced Technology Attachment (ATA, chiamato anche Integrated Drive Electronics IDE), Serial Advanced Technology Attachment (SATA), Small Computer System Interface (SCSI), Serial Attached SCSI (SAS) e fibre channel (FC). Ciascuna di queste categorie di disco rigido presentano diverse caratteristiche di potenza ma anche il tipo di materiale magnetico impiegato, il numero di piatti, la quantità di buffering e la velocità di rotazione. (Murugesan & Gangadharan, 2012, p. 115-116)

Nastri magnetici

Un nastro magnetico è costituito da un rivestimento magnetico sottile su una lunga e stretta striscia di plastica. Per memorizzare i dati su nastri magnetici, una unità a nastro utilizza un motore per avvolgere il nastro magnetico da un capo all'altro e attraverso delle testine di lettura, scrittura e cancellazione di dati. Il nastro magnetico è ancora uno dei supporti di memorizzazione dati principali, specie in alcuni settori come la diffusione radiotelevisiva, a causa del suo costo molto basso di magazzinaggio per bit rispetto a quello dei dischi rigidi. Anche se la sua densità di area è inferiore alla densità dei dischi, la capacità del nastro è ancora molto elevata a causa della sua grande quantità di superficie. Il grande vantaggio di capacità e costo rende i nastri magnetici una valida alternativa, soprattutto per il backup e l'archiviazione.

Inoltre, il consumo medio di energia delle unità a nastro è molto inferiore rispetto ad un disco rigido visto che consuma energia solo quando legge o scrive. Il consumo di energia allo stato inattivo o allo stato di ritenzione/conservazione è pari a zero.
(Murugesan & Gangadharan, 2012, p. 117)

Solid-State Drive (SSD)

Recentemente, le SSD hanno acquisito maggiore adozione a causa delle loro prestazioni migliori e di una maggiore efficienza energetica. A differenza degli HDD elettromeccanici, infatti, gli SSD utilizzano la memoria a stato solido e non hanno parti in movimento. Quindi, rispetto ai HDD, le SSD hanno tempi di accesso e consumi energetici decisamente inferiori.

Ci sono due tipi di memoria flash: le multilevel cell (MLC) e le single-level cell (SLC). Le SLC memorizzano un singolo bit in una singola cella di memoria, mentre le MLC memorizzano più bit in una singola cella, consentendo a ogni cella di memorizzare più stati elettrici. In genere, le MLC sono meno costose e hanno una maggiore densità di storage, ma sono più lente delle SLC.

Le SSD hanno raggiunto popolarità anche come supporto di memorizzazione di dati primari per i dispositivi mobili (cellulari, fotocamere digitali, dispositivi sensori, computer portatili e tablet). Le sue caratteristiche includono piccole dimensioni, peso ridotto, basso consumo energetico, alta resistenza agli urti e prestazioni di lettura veloce.

Rispetto ai dischi rigidi, le SSD sono molto attraenti per i server di fascia alta dei data center grazie alla loro prestazioni di lettura veloce, ai costi di raffreddamento inferiori e a un risparmio di potenza superiore. Ad esempio, il consumo di energia per una SSD da 128 GB è di circa 2W. Questa efficienza è principalmente imputabile alla natura non meccanica di questi dispositivi.

Gli svantaggi risiedono nelle prestazioni di scrittura relativamente basse e la longevità delle SSD. A differenza dei dischi convenzionali, in cui lettura e scrittura presentano velocità simmetrica, nelle SSD convenzionali l'operazione di scrittura è sostanzialmente più lenta rispetto a quella di lettura. Questa asimmetria nasce dal fatto che la memoria flash non consente la sovrascrittura e le operazioni di scrittura in una memoria flash devono essere precedute da un'operazione di cancellazione che può essere effettuata solo un numero limitato di volte. (Murugesan & Gangadharan, 2012, p. 117-118)

Tecniche di gestione energetica per i dischi rigidi.

Per ridurre il consumo di energia dei dischi rigidi possono essere adottate diverse tecniche e metodologie. Le più comuni sono:

- La transizione di stato;

- Il caching;
- L'RPM dinamico.

Transizione di stato

Dato che in un disco rigido, il motore del mandrino consuma la maggior parte dell'energia, le cosiddette tecniche di *transizione di stato* tentano di spegnere il motore del mandrino o di tenerlo in modalità standby durante i periodi di inattività.

Il disco transita in modalità standby o di spegnimento se non ci sono richieste da servire. È opportuno fare in modo che la potenza consumata dalla transizione stessa non sia superiore al risparmio energetico ottenuto.

Se il disco risulta inattivo per un tempo stabilito, esso entra in modalità standby. Se rimane in stand-by per un altro tempo limite senza richieste, può ulteriormente transitare alla modalità off. In questo approccio, anche le informazioni storiche sugli accessi vengono utilizzate per prevedere gli accessi futuri.

La maggior parte delle ricerche in corso sulla transizione di stato ruotano attorno alle previsioni sugli stati di inattività e sul come ridurre al minimo l'impatto delle prestazioni durante le transizioni (e quindi capacità di risposta del disco al passaggio da uno stato all'altro).

Caching

Le tecniche di gestione della cache e gli algoritmi dedicati (LRU, PALRU e PBLRU), hanno lo scopo di minimizzare il consumo energetico del disco, sia limitando l'accesso al disco sia aumentando la durata dei periodi di inattività.

RPM dinamico

L'RPM dinamico permette una variazione della velocità di rotazione di un disco rigido in base al carico di lavoro. Nell'RPM dinamico, la velocità di rotazione del disco è quindi modificata in funzione del tempo di risposta desiderato dai dischi.

L'idea è che sta alla base di questa tecnica è quella di limitare lo spreco di prestazioni commutando la velocità di rotazione del disco a un valore più basso che produce ancora prestazioni accettabili. Le analisi rivelano che un regime RPM dinamico può produrre un risparmio di potenza fino al 60%. (Murugesan & Gangadharan, 2012, p. 118-119)

Sistemi di gestione dell'energia a livello di sistema

Il consumo di energia dei sistemi di storage potrebbe essere gestito in modo efficace a livello di sistema prendendo in considerazione il tipo di supporto, le caratteristiche dei dati, i modelli di accesso ai dati e il funzionamento generale del sistema.

Le tecniche comuni per la gestione del consumo energetico a livello di sistema includono:

- Il RAID con la consapevolezza di potenza;
- il layout dei dati di potenza-consapevole (power-aware);
- l'HSM;
- la virtualizzazione dello storage;
- il cloud storage.

RAID con consapevolezza di potenza

In informatica il RAID, acronimo di *Redundant Array of Independent Disks*, (in italiano *insieme ridondante*[17] di dischi indi-

---

[17] La ridondanza in ingegneria consiste nella duplicazione dei componenti critici di un sistema con l'intenzione di aumentarne l'affidabilità e la disponibilità, in particolare per le funzioni di vitale importanza per garantire la sicurezza delle persone e degli impianti o la continuità della produzione. D'altra

pendenti), è una tecnica di raggruppamento di diversi dischi rigidi collegati ad un computer che li rende utilizzabili, dalle applicazioni e dall'utente, come se fosse un unico volume di memorizzazione. I vantaggi di questi sistemi risiedono nell'aumento della sicurezza dei dati, delle prestazioni di scrittura e lettura dei dati e nella visione unica di tutto lo spazio disponibile. In tali sistemi, le operazioni legate alla ridondanza potrebbero essere sfruttate per la gestione dell'alimentazione elettrica. Tre sono i modelli che presentano effetti di risparmio energetico:

- Energy-efficient redundant and inexpensive disk array (o EERAID) è un motore RAID volto a ridurre al minimo il consumo energetico dei dischi RAID programmando adattivamente le richieste ai vari dischi che formano il gruppo RAID (Wang, Zhu, & Li, 2008);
- Power-aware redundant array of inexpensive disks (PA-RAID) varia dinamicamente il numero di dischi accesi (Weddle, Oldham, & Qian, 2007);

---

parte, poiché l'introduzione di ridondanze aumenta la complessità del sistema, le sue dimensioni fisiche e i costi, generalmente esse sono utilizzate solo quando i benefici derivanti sono maggiori degli svantaggi sopra citati.

- Hibernator è un altro modello, utilizzato per ottimizzare il consumo di energia di stoccaggio. Esso presuppone la disponibilità di dischi multivelocità e cerca di creare dinamicamente e di mantenere più strati di dischi, ciascuno a una diversa velocità di rotazione. (Zhu, Chen, & Tan, 2005)

Layout dei dati di potenza-consapevole

Controllare l'accesso al disco, ottimizzando i layout dei dati è un altro modo per migliorare l'efficienza energetica dei data storage. La tecnica chiamata Popular Data Concentration (o PDC) funziona classificando i dati in base alla popolarità dei file e quindi migrando i file più popolari in un sottoinsieme di dischi, aumentando così i periodi di inattività dei dischi rimanenti (Pinheiro & Bianchini, 2004). Massimizzare il tempo di inattività aiuta a creare più transizioni allo stato standby, e quindi più potere può essere conservato. Una limitazione di questo approccio è che l'accesso ai file impopolari potrebbe potenzialmente comportare l'accensione di dischi inattivi richiedendo in genere circa 8-12 secondi prima che l'accesso ai dati reale possa essere completato.

MAID è un'altra tecnica che prevede la migrazione dei dati. A differenza di PDC, MAID cerca di copiare i file in base alla loro località temporale. MAID utilizza un piccolo sottoinsieme di dischi (come i dischi cache dedicati) e usa metodi tradizionali per reperire informazioni circa la località temporale. I dischi rimanenti vengono accesi on-demand. Tuttavia, questo schema soffre dal fatto che i file che non sono stati consultati nel passato recente potrebbero potenzialmente avere un tempo di recupero nell'ordine di decine di secondi. (Colarelli & Grunwald, 2002)

Gestione gerarchica di memorizzazione

Hierarchical Storage Management (o HSM, chiamato anche storage su più livelli) è un modo per gestire il layout dei dati ed è ampiamente usato nell'industria.

HSM analizza il modello di accesso dei dati, predice un modello di utilizzo futuro degli stessi e memorizza la maggior parte dei dati "freddi" su dispositivi più lenti (ad esempio nastri) e copia i dati "caldi" verso i dispositivi più veloci. I dispositivi più veloci agiscono come le cache di dispositivi più lenti.

Un esempio di HSM a due stadi si quando i dati ai quali si accede di frequente sono memorizzati su dischi rigidi e i dati ai quali si accede raramente vengono memorizzati su nastri. I dati vengono migrati su un nastro se non vi si è acceduto per un tempo limite, e vengono spostati nuovamente indietro su un disco rigido nel momento dell'accesso, automaticamente, senza l'intervento dell'utente.

Queste soluzioni aiutano decisamente il risparmio energetico poiché permettono lo stoccaggio dei dati utilizzati meno frequentemente in dispositivi che hanno un impatto ambientale ridotto (come i nastri, seppur più lenti), mentre i dati utilizzati frequentemente in memorie ad accesso rapido come le SSD.

Storage Virtualization

La virtualizzazione degli storage è un'altra strategia chiave per ridurre il consumo di energia per la conservazione dei dati digitali. Con la virtualizzazione dello storage, l'accesso ai dati può essere realizzato attraverso un minor numero di dispositivi, il che riduce i costi di hardware e i costi energetici. Gli spazi di archiviazione virtualizzati permettono ai dispositivi di avere meno periodi di inattività per via di un consolidamento dei carichi di lavoro, migliorando notevolmente l'efficienza energetica dei sistemi di archiviazione.

Si crea quindi un livello di astrazione tra host e dispositivi di storage fisici, in modo che la gestione dei sistemi di storage diventi più facile e più flessibile mascherando la reale complessità dei sistemi di storage e la loro struttura eterogenea. Lo storage logico viene creato dalle pozze di stoccaggio (o storage pools), che sono l'aggregazione dei dispositivi di archiviazione fisica. Il processo di virtualizzazione è invisibile per l'utente al quale viene presentato un unico dispositivo di memorizzazione.

Cloud Storage

Il cloud storage è un servizio di cloud computing che permette di disporre di memoria online (generalmente offerta da terzi) per mezzo della rete Internet. Chi fornisce servizi di cloud storage solitamente ospita più server di dati (storages). L'utente memorizza o accede ai dati attraverso un'interfaccia basata su Web o software e pagherà il provider di cloud storage per la capacità di memorizzazione in uso. In generale, il canone/tassa richiesta dai fornitori del servizio è molto inferiore dei costi di mantenimento di storage locale per la maggior parte delle piccole e medie imprese. I costi IT e energetici sono ridotti perché l'utente non ha bisogno di acquistare e gestire i propri dispositivi di storage fisici locali, di eseguire manutenzioni dello storage (come ad esempio i backup), di preoccuparsi di rimanere a corto di spazio di archiviazione e così via. Tutti questi compiti complessi e noiosi vengono scaricati al provider di cloud storage. La convenienza, la flessibilità e la facilità di gestione fornite dal cloud storage, così come i costi contenuti, rendono il cloud storage molto attraente e sempre più popolare.

Il fornitore di servizi può utilizzare tecniche sofisticate per ridurre al minimo il consumo di energia dei sistemi di storage (oltre a fornire sicurezza e l'affidabilità). (Murugesan & Gangadharan, 2012, p. 121-124)

3.4.3 Green software

I software giocano un ruolo importante nel determinare il consumo globale di energia computazionale. Il software è quindi un elemento fondamentale per migliorare la sostenibilità ambientale dell'IT. Un green software è un ambiente software di facile utilizzo e può essere classificato in quattro grandi categorie:

- Software che consuma meno energia per funzionare;

- Software integrato che assiste le altre operazioni per renderle più eco-efficienti;
- Sustainability reporting software o Carbon Management Software;
- Software per la comprensione del cambiamento climatico, valutare le implicazioni e la formazione di risposte politiche adeguate.

Mentre l'hardware è stato costantemente migliorato dal punto vista energetico, così non è accaduto per il software. L'efficienza energetica non è mai stato un requisito chiave nello sviluppo delle tecnologie di software ad uso intensivo, e quindi c'è un'ampia area potenziale dove migliorare l'efficienza. I software, quindi, giocano un ruolo chiave, sia come parte del problema che come parte della soluzione. Il software sostenibile è un software il cui impatto sull'economia, sulla società, sugli esseri umani e l'ambiente, derivante dallo sviluppo, la distribuzione e l'utilizzo del software è minimo o ha un effetto positivo sullo sviluppo sostenibile. (Coral & Mario, 2015)

Modello per l'analisi della qualità di software green e sostenibili

Per stabilire se un software è green e sostenibile o no, sono necessari criteri e metriche appropriate. Un primo approccio per questa valutazione è coperta dal Quality Model for Green and Sustainable Software rappresentato in Figura 27.
I criteri sono di tre tipi:
1. Criteri comuni di qualità;
2. Criteri direttamente connessi;
3. Criteri indirettamente connessi.

I criteri comuni derivano dagli aspetti qualitativi per i software ben conosciuti e standardizzati rilasciati dalla International Organization for Standardization. Il Quality model proposto considera aspetti quali l'efficienza in riferimento all'usabilità, la riutilizzabilità e la modificabilità.
Per quel che riguarda l'efficienza energetica si è soliti valutare i seguenti parametri: la runtime efficiency, la CPU-intensity, l'uso della memoria, l'intensità periferica, l'idleness e il numero di processi attivi. In questo caso con *idleness* si intende quanto spesso un sistema entra nello stato di riposo. Questo aspetto è

rilevante solo in certi tipi di software come quelli che gestiscono i server virtuali. Il *numero totale di processi attivi* riflette la dimensione delle applicazioni.

L'aspetto qualitativo dell'efficienza energetica è assegnato ai criteri direttamente connessi quali l'obsolescenza dell'hardware e l'adattabilità (la possibilità di adattare il software alle esigenze del consumatore). È inutile per un utente che necessita solo di funzionalità base, appesantire il software con altre funzioni da lui non utilizzate perché queste consumano un'eccessiva quantità di energia.

La *Feasibility* (o fattibilità) valuta gli aspetti di sviluppo del prodotto o piuttosto il processo di progettazione del software sostenibile. I problemi principali di questa fase comprendono i viaggi (viaggi di lavoro legati alla progettazione e i viaggi per raggiungere l'ufficio), l'impronta di carbonio, il consumo di energia, il consumo delle risorse, l'uso delle infrastrutture durante la fase di sviluppo del software.

In riferimento alla società che produrrà i software, nei criteri direttamente connessi, viene considerata anche la sostenibilità dell'organizzazione, l'accessibilità e l'usabilità.

L'uso del software ha anche delle ripercussioni in altri domini di applicazione difficili di identificare che appartengono ai criteri indiretti. Alcuni di questi aspetti sono misurabili o apprezzabili come la sostenibilità del prodotto intesa come gli effetti del software in altri prodotti e servizi. (Hilty, Aebischer, Andersson, & Lohmann, 2013, p. 87-94)

1.4.1 Green data centres

Il processo di informatizzazione è in continua crescita nel mondo moderno e richiede un impiego sempre maggiore di strutture di data centres.

I data centres (o centri dati) sono ecosistemi complessi che intrecciano elementi della tecnologia informatica e della comunicazione (ICT) con i campi dell'ingegneria elettrica e meccanica e rappresentano il più rapido contributo, sempre in aumento, all'impronta ambientale globale nel settore dell'ICT.

La rete, che supporta le imprese, l'istruzione, i media d'informazione, la partecipazione sociale e la scoperta scientifica, ha modificato le opportunità e le prospettive umane riguardo al presente e al futuro.

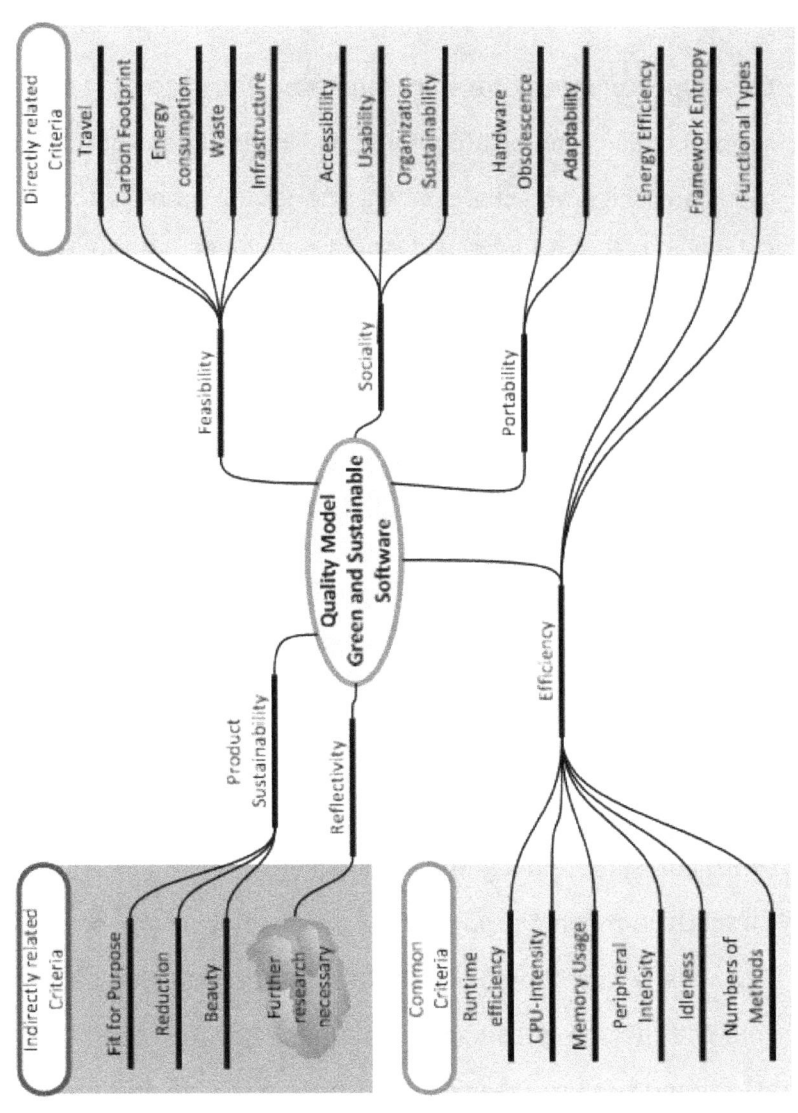

Figura 27 - Quality Model for Green and Sustainable Software (Fonte: Hilty, Aebischer, Andersson, & Lohmann, 2013, p. 89)

Lo sviluppo di Internet è stato in parte alimentato dalla proliferazione della tecnologia digitale e dal naturale desiderio di comunicare dell'uomo che ci ha trasformati da meri fruitori di informazioni (tramite la TV, la radio e la carta stampata), a veri e propri produttori di contenuti digitali. Ogni giorno, infatti, contribuiamo a blog, wiki, portali di condivisione di foto, social network, effettuiamo acquisti online e molto altro.

Questa rivoluzione, caratterizzata dalla nascita di Google, YouTube, Facebook, Twitter, eBay e Amazon (per citarne alcuni), si è concretizzata in una domanda sempre crescente di capacità di memorizzazione ed elaborazione dati. Anche nel campo del software per le imprese, l'esternalizzazione di alcuni processi (outsourcing) tramite il cloud computing, sta motivando un ulteriore impeto che si traduce nella richiesta di strutture per centri dati sempre più grandi ed efficienti.

L'impatto ambientale ed energetico delle strutture per centri dati diviene quindi di fondamentale interesse sia per le compagnie che offrono questi servizi, sia per i governi, che pongono attenzione sempre maggiore al consumo e alle correlate emissioni di CO_2 dei centri dati.

Il Rapporto al Congresso sull'efficienza energetica dei server e dei centri dati (Report to Congress on Server and Data Center Energy Efficiency), del 2007 dell'agenzia americana per la protezione ambientale (EPA, Environmental Protection Agency) (Brown, 2007), e il Codice comportamentale sull'efficienza energetica dei centri dati (Code of Conduct on Data Centres Energy Efficiency) del 2008 (Commissione Europea, 2008), testimoniano questo interesse anche politico.

I green data centres cercano di affrontare queste preoccupazioni, sfide e impegno incorporando in maniera più efficace un progetto di efficienza energetica ad un tipo di fornitura energetica sostenibile tramite un uso sempre maggiore di fonti di energia rinnovabile e sistemi raffreddamento ad alta efficienza.

I data centres però, come tutte le organizzazioni, ricercano un equilibrio che ponga la sostenibilità ambientale il più possibile allo stesso livello delle considerazioni di tipo economico. Tuttavia non è detto che questi due mondi non si incontrino: i centri dati green sono visti come una soluzione competitiva e vantaggiosa che contribuisce positivamente alla realizzazione finanziaria dell'impresa.

Componenti dell'infrastruttura di un centro dati

In questa sezione analizzeremo gli elementi chiave della infrastruttura IT di un data centre, ovvero:
- Lo sviluppo di un progetto e di server, che favorisca la fornitura di un servizio data centre efficiente;
- Il ruolo del lavoro in rete all'interno di un centro dati;
- Il ruolo della memorizzazione dei dati e i tipi di memoria forniti;
- La continua evoluzione delle strutture nella piattaforma dei centri dati IT, grazie alla costante innovazione del sistema.

I server

Esistono diversi tipi di server IT che offrono svariati servizi e funzioni, ma il fine fondamentale è lo stesso: fornire un servizio che sia parte di una comunicazione bilaterale fra un client e un server.

I server sono generalmente un sistema software o hardware progettato per svolgere una funzione specifica. Abbiamo per esempio: server di posta elettronica (e-mail server), server di rete (web server), server di stampa (print server) o database server.

In un data centre l'hardware IT usato per ospitare un server di software potrebbe differire nel progetto, in efficienza e funzione. Un server potrebbe essere progettato per ospitare un particolare sistema operativo e un centro dati potrebbe anche essere in grado di contenere diversi sistemi operativi. Ogni macchina server comprenderà comunque l'hardware fisico, il sistema operativo e il servizio software per le sue funzioni. Questo insieme di opzioni determina direttamente le scelte in fase di progettazione, l'impatto ambientale e le caratteristiche di ogni centro dati, e deve essere preso in considerazione fin dalle prime fasi del processo di sviluppo dell'infrastruttura IT.

Un server progettato per un determinato centro dati, inoltre, avrà caratteristiche diverse da quelle di una macchina destinata all'uso domestico o di piccole imprese. Un qualunque server di un centro dati, per esempio, sarà tipicamente "headless" (senza testa), cioè privo di qualsiasi collegamento via monitor o mouse. Questo modello è dovuto alla modalità di interazione tipicamente machine-to-machine, propria dei centri dati dove l'intervento umano è richiesto soltanto in caso di malfunzionamento o quando una macchina richiede manutenzione. In questo caso l'intervento dell'uomo è richiesto per l'amministrazione, l'installazione e la manutenzione, e solo allora viene fornito un terminale di controllo completo di interfaccia monitor, tastiera e mouse.

Server montati su rack

I server montati su rack si presentano in due dimensioni, 19 o 23 pollici, ma il formato standard è quello da 19 pollici. Montare un server su rack in un armadio predisposto di comune grandezza è una procedura piuttosto semplice, in quanto l'alloggiamento è strutturato su vani predisposti e perfettamente allineati. L' accesso periodico per la sostituzione o la manutenzione di componenti hardware è quindi agevolato da un sistema di montaggio su guide consente l'accesso ai server con una operazione molto simile all'apertura di un cassetto di un mobile.

Blade server

I blade server differiscono dal rack in alcuni punti fondamentali. I server montati su rack sono singole macchine autonome, dotate di cablaggio elettrico e di rete per ogni unità. I blade sono invece alloggiati in un contenitore montato in un mobiletto standard. Questo sistema fornisce corrente e connessione di rete per tutti i blade server in esso contenuti, e può anche essere dotato di un sistema di raffreddamento interno e di un gruppo di continuità (UPS, Uninterruptible Power Supply). Questo sistema, per cui la comune struttura di supporto (alimentazione, rete e raffreddamento) risulta separata in un alloggiamento comune, consente l'utilizzo di un più alto numero di unità all'interno di un mobiletto standard (i 42 server di un rack possono aumentare fino a 128 in un sistema blade), garantendo una densità o capacità di gran lunga maggiore. Un blade server è quindi un server auto-contenuto, dove molti componenti vengono rimossi per considerazioni di ingombro o consumo.

Container

Il passo logicamente successivo nella configurazione di un server per centri dati è stato il modulo di data centre autonomo, il container. Trasferiti in un container da trasporto di dimensioni standard, del tipo comunemente usato per la spedizione di merci via mare o mezzi pesanti, i centri dati su container offrono una soluzione pratica a soddisfare le richieste dei comuni centri dati.

Progettati per essere autonomi, il loro fabbisogno di energia e connettività è chiaramente noto. Gli operatori di un data centre necessitano solo di collegarsi a un sistema di cablaggio composto di alimentazione e di rete per ottenere un centro dati del tutto funzionante. (Murugesan & Gangadharan, 2012, p. 87-89)

Networking

Il gateway di un centro dati è normalmente alloggiato all'ingresso del centro stesso. La sua funzione principale è quella di convertire i dati in ingresso e in uscita del data centre fungendo da punto di connessione fra l'area di rete locale interna (LAN) e la vasta area di rete esterna (WAN) al centro dati. L'enorme quantità di richieste di contenuti di pagine Web, posta elettronica o risultati di query, deve necessariamente essere ricevuta dai servizi software del centro dati. Una volta che ogni messaggio giunge all'interno della LAN del centro dati, questo deve essere inviato ad un server che sia immediatamente in grado di soddisfare tale richiesta. A questo punto verranno impiegati vari router per gestire il traffico di dati, che saranno inviati in maniera differenziata verso i diversi settori della rete interna. I router, che impiegano apposite tabelle e indirizzi standard per poter gestire il traffico dei messaggi del centro dati, inoltreranno ogni messaggio all'indirizzo opportuno.

La struttura backbone (spina dorsale) del centro dati fornisce un'alta capacità di collegamento fra i diversi segmenti di rete del centro stesso. Sarà solitamente dotata di una larghezza di banda maggiore (di quella) dei singoli segmenti ad essa connessi, Questa backbone dovrà essere in grado di gestire l'intero flusso di messaggi del centro dati in entrambe le direzioni, in entrata e in uscita. (Murugesan & Gangadharan, 2012, p. 89)

Innovazioni della piattaforma IT

In questa sezione verrà presa brevemente in considerazione l'evoluzione delle infrastrutture per piattaforma IT, in direzione di sistemi cloud totalmente virtualizzati.

Cluster computing

L'informatizzazione di tipo cluster (o cluster computing) è caratterizzata dall'impiego di molteplici macchine, fisicamente separate ma strettamente collegate fra loro per fornire l'interfaccia logica di una macchina singola.

L'informatizzazione cluster, spesso associata alla elaborazione parallela di algoritmi, richiede un middleware[18] apposito e altamente specializzato che possa comporre la complessa infrastruttura di passaggio dei messaggi, necessaria per gestire le risorse fisiche del cluster. La capacità di elaborazione parallela dovrebbe servire a separare e organizzare le singole richieste attraverso l'elevato numero dei singoli server, ognuno dei quali è configurato per calcolare un risultato. I risultati delle singole elaborazioni dovrebbero quindi essere raggruppate insieme per formare il risultato finale. Il risparmio ottenuto sul carico di lavoro grazie alla elaborazione in parallelo è di primario uso e interesse nella ricerca sul cluster computing.

Una naturale progressione del cluster computing è stata il grid computing, di cui abbiamo già parlato nel paragrafo 1.3.6.

Service Orientation

L'architettura service-oriented (SOA), di cui il servizio Web costituisce un esempio, promuove una separazione di interessi fra

---

[18] Insieme di software che fungono da intermediari fra strutture e programmi informatici, permettendo loro di comunicare a dispetto della diversità dei protocolli o dei sistemi operativi.

l'implementazione del servizio (software) e la "dimora" (hardware del server) del servizio stesso. Rappresenta un mezzo per fornire sia i dati che le risorse attraverso una rete che disgiunga la dimostrazione del servizio da un'interfaccia di servizio leggibile da una macchina. Questo consente ai progettisti del sistema di installare servizi di rete che siano facilmente accessibili e indirizzabili usando procedure Internet standard. Il Web Service Description Language (o linguaggio di descrizione dei servizi web, WSDL) venne usato per descrivere l'interfaccia con messaggi di richiesta e risposta, tradotti/trasferiti usando il protocollo di accesso SOAP (Simple Object Access Protocol) e l'HTTP. Gli identificatori URI (Universal Resource Identifiers) sono usati unicamente per indirizzare un singolo server, allo stesso modo in cui un indirizzo Web identifica solamente una risorsa di pagina Web. Attraverso il servizio orientato (service orientation) un sistema può sfruttare a pieno tutte le potenzialità della gestione dei messaggi in rete (in ricezione e in uscita), e garantire a sua volta ai sistemi distribuiti di essere impiegati su una WAN. Con l'aumento della banda larga di Internet, e i problemi legati al grid computing, il service orientation si è dimostrato più fattibile e sostenibile a lungo termine. (Murugesan & Gangadharan, 2012, p. 90-92)

L'infrastruttura dei data centre per l'efficienza energetica.

I centri dati possono variare da armadietti per operazioni minime a impianti di enormi dimensioni, ma la loro funzione più semplice è quella di memorizzare, elaborare e spostare informazioni. Per fornire un servizio efficiente ed efficace, le infrastrutture dei centri dati IT devono essere progettate con molta cura.

Dal punto di vista degli impianti, l'infrastruttura IT è un qualcosa che consuma energia e produce calore giacché l'energia usata per fornire i servizi viene dissipata in forma di calore dall'infrastruttura IT (processori, memoria, sistemi input/output e altri componenti).

Di conseguenza, le due funzioni principali dell'infrastruttura di supporto ai data centre sono le seguenti:

1. Assicurare che IT e impianti siano sempre riforniti di energia.
2. Mantenere il centro dati alla temperatura richiesta, rimuovendo/eliminando il calore generato. (Murugesan & Gangadharan, 2012, p. 92)

In questa sezione discuteremo le implicazioni energetiche di questi obiettivi.

Power System

In termini di energia, la differenza fondamentale fra un normale ambiente di lavoro o domestico e un centro dati è chiaramente la criticità del carico elettrico. Una momentanea perdita di energia, nella maggior parte delle situazioni domestiche, non è altro che un inconveniente, mentre l'assenza di una fonte energetica può essere catastrofica per chi fornisce servizi IT di vitale importanza. Per evitare simili problemi un centro dati impiega diverse unità UPS ovvero un insieme di batterie di riserva, che assicurano la fornitura ininterrotta e lineare di energia al carico dell'IT.

Le unità di distribuzione dell'energia (power distribution units, o PDUs), che di solito contengono trasformatori elettrici, sono anche usate per regolare l'energia in corrente alternata (AC, alternating current) e per distribuirla ai rack IT del centro dati. All'interno dell'attrezzatura IT, l'energia AC viene successivamente convertita in corrente continua (DC, direct current), che viene utilizzata dai singoli componenti IT.

Se l'alimentazione elettrica viene persa, l'UPS si attiva e utilizza le batterie per fornire energia "ride-through" al carico vitale/critico. L'obiettivo di fornire energia ride-through è di dare tempo ai generatori elettrici di supporto (di solito alimentati a diesel) di ridare la linea fino a che l'alimentazione di rete non venga ripristinata.

Un'altra caratteristica della maggior parte dei sistemi di energia elettrica di un centro dati è la consuetudine di avere linee e sistemi alternativi che partono dal livello della sottostazione fino a raggiungere quello dell'alimentatore di energia, assicurando in tal modo la disponibilità di corrente nel caso si verifichi una qualunque interruzione in qualsiasi punto di una delle linee. Ciò garantisce un altro livello di flessibilità e, nel caso di un problema su una delle linee, l'altra fornirà immediatamente energia all'infrastruttura IT.

L'energia AC, come accennato, è fornita all'impianto principale e inviata attraverso quadri elettrici alla sottostazione che supporta il centro dati. In normale modalità operativa la UPS funge da filtro regolando la corrente alternata (AC) in ingresso e inviandola alle varie PDU; nel frattempo l'energia in AC ricarica le batterie in corrente continua (DC). Durante un blackout l'energia DC della batteria viene convertita in AC e inviata attraverso le PDU verso i rack dell'impianto IT, fino a che i generatori di riserva non siano in linea per supportare il carico IT (vedi Figura 28).

La fornitura di energia elettrica di un centro dati è tradizionalmente ridondante, infatti il suo grado di capacità è spesso descritto in termini di N + 1, N + 2, 2N e così via, dove N equivale al numero richiesto di unità necessarie per soddisfare il fabbisogno energetico desiderato. Usare una sola unità di fornitura UPS significa che tutto va perso in caso di rottura, motivo per cui viene solitamente utilizzata una combinazione di unità più piccole.

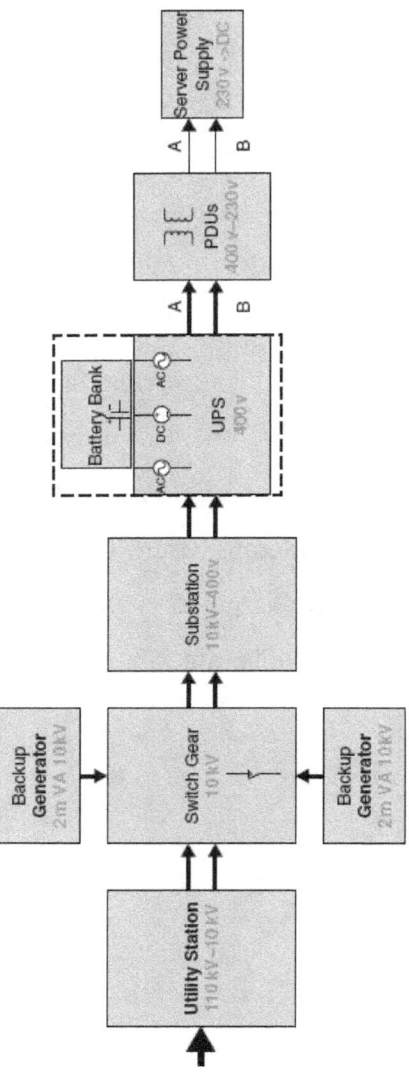

Figura 28 - Un tipico sistema di energia di un data centre (Fonte: Murugesan & Gangadharan, 2012, p. 93)

Ad esempio in un centro dati che richieda 800 kW, si possono installare due moduli da 400 kW, ma se uno si rompesse andrebbe perso il 50% di capacità. Installando quattro unità da 200 kW, il risultato sarebbe più favorevole perché in caso di rottura di una delle quattro unità ci sarebbe una perdita del solo 20%. Ma ovviamente una perdita del 20% non è tollerabile quando si ha a che fare con servizi critici/di vitale importanza, per cui si preferisce impiegare una configurazione ridondante del tipo N + 1, che userebbe cinque moduli da 200 kW, per un totale di 1000 kW.

In questo modo, se anche andasse perso un singolo modulo, saranno mantenuti gli 800 kW di capacità richiesti. In questo caso, quindi, "N"= 4 moduli, e il "+ 1" rappresenta un modulo aggiuntivo. N + 2 equivarrebbe a 1200 kW, mentre in una configurazione di tipo 2N verrebbe installato un modulo in più per ogni modulo richiesto: per cui 2 x 4 moduli da 200 kW ognuno, per una capacità totale di 1600 kW. Il livello di resilienza/elasticità ha forti implicazioni in termini di efficienza energetica, così come il livello/grado di carico che si trova sulla UPS. Il motivo di ciò è che il carico elettrico è condiviso fra i diversi moduli, che risultano meno efficienti a capacità di carico minori.

Il sistema migliore è quello di utilizzare un numero ridotto di PDU ad alta efficienza, e una UPS modulare, sempre ad alta efficienza, che possa collegare in maniera dinamica la capacità al carico IT. Vale anche la pena di analizzare se tutti i carichi IT siano davvero "critici", e spostare i servizi meno vitali sulla tensione di rete. In breve, la sfida in ogni centro dati è di raggiungere un equilibrio fra ridondanza ed efficienza energetica, che sia ottimale per le necessità di una certa impresa, un compito che, nelle infrastrutture IT, è eseguito meglio in fase di progettazione. (Murugesan & Gangadharan, 2012, p. 92-94)

Energia in corrente alternata (AC) versus energia in corrente continua (DC)

Data l'inefficienza del processo di conversione AC/DC/AC/DC, predominante nei centri dati supportati da UPS, e considerato il fatto che i componenti IT utilizzano fondamentalmente la corrente continua (DC), la nuova tendenza è quella di spostare i centri dati in infrastrutture ad energia di tipo DC. Non ci sono molte obiezioni a questa tendenza, poiché il numero limitato di conversioni necessarie (spesso una sola) di centri in AC, si traduce in perdite di conversione ridotte e quindi in una maggiore efficienza.

L'APC (American Power Conversion Corporation) suggeriscono che il miglioramento sia nell'ordine dell'1.25%. (APC, 2007; APC, 2011) Qualunque sia la percentuale non si può comunque negare che in centri dati di grandi dimensioni il risparmio potrebbe essere piuttosto sostanziale. Inoltre la distribuzione in DC è un modo efficiente di combinare le risorse energetiche date dalle energie rinnovabili che, come nel caso dei pannelli solari, sono invariabilmente in DC. (Murugesan & Gangadharan, 2012, p. 94)

Impianti di raffreddamento

Lo scopo del raffreddamento è quello di assicurare che i componenti che si trovano all'interno dell'attrezzatura IT non si surriscaldino, provocando danni o diminuendo le prestazioni dell'impianto, con effetti negativi sul servizio.

Osservando la Figura 29 notiamo come alcuni servizi di supporto al funzionamento di un data center (inclusi gli impianti di raffreddamento) incidano per il 50% nei consumi energetici di un data center.

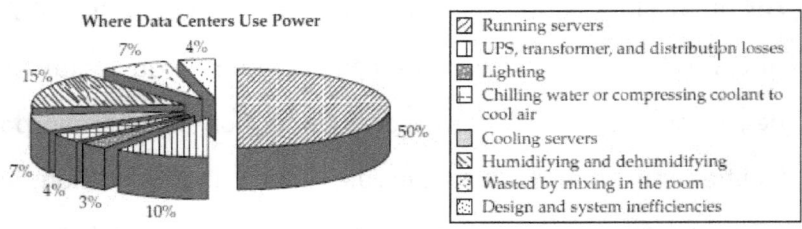

Figura 29 - Il consumo di energia dei data centre suddiviso per settori (Fonte: Velte, 2008, p. 65)

Per ottimizzare gli impianti di raffreddamento si è soliti utilizzare due tipi di economizzatori:

- air-side economizer;
- waterside economizer.

Un air-side economizer regola l'utilizzo di aria esterna per il raffreddamento di una stanza o di un edificio. Esso impiega sensori, condotti e ammortizzatori per regolare la quantità di aria fredda da utilizzare per il raffreddamento degli apparecchi.

I sensori misurano la temperatura dell'aria all'interno e all'esterno dell'edificio. Se questi notano che l'aria esterna è sufficientemente fredda per raffreddare il centro dati, regola i suoi ammortizzatori per aspirare l'aria esterna e impiegarla nelle operazioni di condizionamento, rendendola la principale fonte.

Questo riduce o elimina la necessità di compressori per il condizionamento dell'aria, fornendo un grande risparmio di energia e di costi.

Purtroppo non in tutti i contesti questo sistema appare efficace. L'aria che viene dall'esterno può avere un'umidità in grado di danneggiare le apparecchiature IT. Intervenire sull'umidità per portandola a livelli ottimali richiede comunque un uso di sistemi di deumidificazione (o umidificazione) e quindi a un consumo di energia.

Un water-side economizer può ridurre il consumo di energia per la produzione di acqua refrigerata fino al 75%. I water-side economizer sono particolarmente vantaggiosi, perché non solo fanno risparmiare sui costi, ma non alterano i livelli di umidità all'interno del data center.

Essi utilizzano la capacità di raffreddamento per evaporazione di una torre di raffreddamento, un dispositivo di raffreddamento evaporativo o un dry cooler per produrre acqua refrigerata e può essere utilizzato al posto del refrigeratore durante i mesi invernali. Questo tipo di economizzatore viene normalmente incorporato in un sistema di acqua refrigerata o sistema di raffreddamento a base di glicole. (Velte, 2008, p. 63-77)

Facilities Infrastructure Management

Come già detto, un centro dati è un ecosistema complesso che, nel senso di gestione classica, deve essere monitorato, misurato e gestito in maniera efficace. La pratica migliore è quella di spostarsi verso un approccio olistico che abbracci sia le infrastrutture IT che gli impianti di supporto.
Per una gestione efficace delle infrastrutture di un centro (DCIM, o data centre infrastructure management), gli strumenti in supporto alle decisioni operative sugli impianti richiedono spesso l'integrazione di dati provenienti da diversi sistemi operativi, come sistemi di gestione/controllo dell'edificio (BMS, building management systems), sistemi di controllo dei servizi (FMS, facilities management system), sistemi di sicurezza, capacità, alimentazione e anche di informazioni meteo (vedi Figura 30).

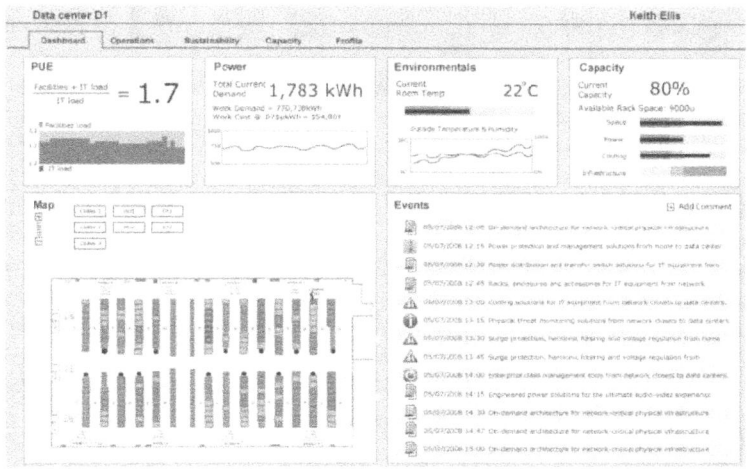

Figura 30 - Un esempio di DCIM di un data center (Fonte: Murugesan & Gangadharan, 2012, p. 98)

Con l'aiuto degli strumenti DCIM, un professionista di un centro dati dovrebbe essere in grado di individuare e visualizzare da informazioni standard a richieste più complesse.

Sistemi e strumenti di questo tipo richiedono l'integrazione di diverse fonti di informazione. La tendenza quella di integrare l'informazione proveniente dai sensori installati nell'infrastruttura IT nella gestione dell'infrastruttura degli impianti di supporto. Ad esempio, sensori della temperatura e dell'umidità installati all'interno degli stessi server, possono essere usati nella logica che guida e controlla la velocità del ventilatore CRAC o CRASH e la posizione della serpentina di raffreddamento. (Murugesan & Gangadharan, 2012, p. 97-98)

Server power

Come già rappresentato in Figura 29 i server rappresentano la prima fonte di consumo energetico all'interno di un data centre. Esistono diverse strategie per ridurre i consumi di questi apparecchi.
Le prime operazioni da effettuare sono due:
1. Ridurre il numero dei server attivi attraverso operazioni di consolidamento;
2. Sostituire i server consolidati con server più efficienti.

La virtualizzazione e il consolidamento dei server è un'operazione relativamente veloce. Dal momento che i server inattivi usano una notevole quantità di potere energetico solo per essere in attesa di ricevere qualche richiesta, spesso vi è una quantità enorme di energia sprecata. L'implementazione di un processo di smantellamento formale per eliminare questi server non utilizzati può realizzare risparmi energetici nell'ordine del 10%.

Probabilmente il più grande spreco di energia nel data center avviene negli alimentatori. I produttori di server tendono a fornire alimentatori inefficienti o per lo meno non selezionati in base a come il server verrà configurato.

Gli alimentatori inefficienti possono sprecare quasi la metà della potenza prima che l'energia giunga al server. Inoltre, ogni watt sprecato viene trasformato in calore, che poi richiede almeno un'altra watt di potenza per essere raffreddato attraverso i sistemi di condizionamento. Gli alimentatori a risparmio energetico, pur costando di più, permettono dei risparmi notevoli sul lungo termine. (Webber & Wallace, 2009, p. 184-185)

Metriche Green di un data center

Le metriche sono misure essenziali per la gestione olistica, efficace ed efficiente dell'ecosistema del centro elaborazione dati, nei paragrafi che seguono tratteremo alcune delle più importanti metriche da considerare.

PUE e DCiE

PUE e la sua reciproca efficienza della struttura del centro elaborazione dati (*DCiE*), sono metriche introdotte nel febbraio del

2007 *Green Grid whitepaper* "Green Grid Metrics: Describing Data Centre Power Efficiency" (The Green Grid, 2007).

Sia *PUE* che *DCiE* sono metriche che danno un'indicazione sull'effettivo utilizzo di energia da parte dell'IT in relazione alle strutture di supporto.

PUE è la metrica più utilizzata usata nei centri dati per valutare il consumo energetico e viene calcolato dividendo la capacità totale di potenza (ad esempio tutto il consumo energetico degli elementi che costituiscono l'ecosistema del centro elaborazione dati) con la struttura energetica IT. La metrica indica come effettivamente o efficientemente l'energia è supportata dal carico IT. Idealmente un PUE di qualità sarebbe uguale a 1, e indicherebbe che non è stata consumata energia aggiuntiva per supportare il carico IT. Viceversa, maggiore è il valore di DCiE, meglio è. Ad esempio, se la potenza totale fosse 200kW a la potenza IT 100 kW, allora PUE sarebbe 200/100 = 2, e per DCiE sarebbe 100/200 = 0.5 o 50%. Ciò che entrambi rappresentano in questo caso è che per ogni 1W fornito all'apparecchiatura IT, un altro 1W viene impiegato per supportarlo.

L'attenzione rivolta alle metriche verdi non si ferma solo a questi parametri e in aggiunta al *PUE*, la *Green Grid* ha proposto una serie di metriche *xUE* quali l'efficacia dell'uso del carbonio

(*CUE*) e l'efficacia dell'uso dell'acqua (*WUE*) (vedi Figura 31). (Murugesan & Gangadharan, 2012, p. 106-108)

Metric acronym	Metric name	Formula or detail	Unit
PUE	Power usage effectiveness	Total data centre energy and IT equipment energy	Unit-less
CUE	Carbon usage effectiveness	CO_2 emissions caused by the total data centre energy and IT equipment energy or CEF × PUE were CEF = $kgCO_2eq/kWh$ for the grid and/or on-site generation	$kgCO_2eq/kWh$
WUE	Water usage effectiveness (site)	Annual site water usage and IT equipment energy	L/kWh
WUE_{source}	Water usage effectiveness (site + source)	(Annual source water usage + annual site water usage) / IT equipment energy	L/kWh

Figura 31 - Metriche proposte dalla Green Grid per la valutazione dell'efficienza dei data centre (Fonte: Murugesan & Gangadharan, 2012, p. 107)

1.4.2 Green cloud computing

In passato le grosse aziende spendevano grandi quantità di tempo e di denaro per acquistare e mantenere i propri comparti IT. L'emergere del cloud computing sta rapidamente trasformando questo approccio basato su sistemi di proprietà in un approccio basato su abbonamento, fornendo l'accesso alle infrastrutture e ai servizi su richiesta. Gli utenti e le imprese possono quindi memorizzare, accedere, condividere ed elaborare qualsiasi quantità di informazioni attraverso i servizi di cloud computing, senza disporre di particolari apparati.

Molte aziende vedono il cloud computing non solo come un servizio utile, ma anche come una potenziale opportunità di mercato. Secondo un report dell'International Data Corporation (IDC), la spesa globale in questi servizi è aumentata da $16 miliardi nel 2008 a $42 miliardi nel 2012, con un tasso di crescita annuale pari al 27%. Attratte da queste prospettive ad alta crescita, le aziende basate sul Web come Amazon, eBay e Salesforce.com, fornitori di hardware come HP, IBM e Cisco, e software come EMC/VMware, Oracle/Sun e Microsoft, ma anche Telecom e altri fornitori, hanno iniziato ad investire ingenti capitali nello stabilire o ampliare i loro data center cloud. (Gleeson, 2009)

Un data center cloud può ridurre l'energia consumata attraverso il consolidamento dei server, per cui diversi carichi di lavoro possono condividere lo stesso host fisico utilizzando la virtualizzazione e spegnendo i server inutilizzati. Secondo Accenture (Accenture Microsoft Report, 2010), le piccole imprese hanno visto una drastica riduzione delle emissioni, fino al 90%, come conseguenza dell'utilizzo di risorse cloud. Le grandi aziende, secondo questo report, possono risparmiare almeno il 30-60% delle emissioni di carbonio utilizzando applicazioni cloud, e le medie imprese possono risparmiare tra il 60 e il 90%. Contrariamente appena esposto, alcuni studi, come ad esempio quelli di Greenpeace (Greenpeace International, 2010), osservano come il fenomeno cloud possa aggravare il problema delle emissioni di anidride carbonica e il riscaldamento globale. Il motivo è che la domanda collettiva di risorse di calcolo online dovrebbe aumentare ulteriormente nei prossimi anni a causa della rapida crescita nell'uso di questi servizi da parte delle imprese e degli individui eliminando i vantaggi ambientali.

Cloud Computing e Energy Usage Model: Un tipico esempio

In questa sezione, attraverso un tipico scenario di utilizzo del cloud analizzeremo vari elementi che compongono il sistema e la loro efficienza energetica.
La Figura 32 mostra un utente finale che accede ai servizi cloud, come SaaS, PaaS o IaaS attraverso Internet. I dati dell'utente passano dal suo dispositivo tramite un router e un provider di

servizi Internet, che a sua volta si connette a un router gateway all'interno di un data center cloud.

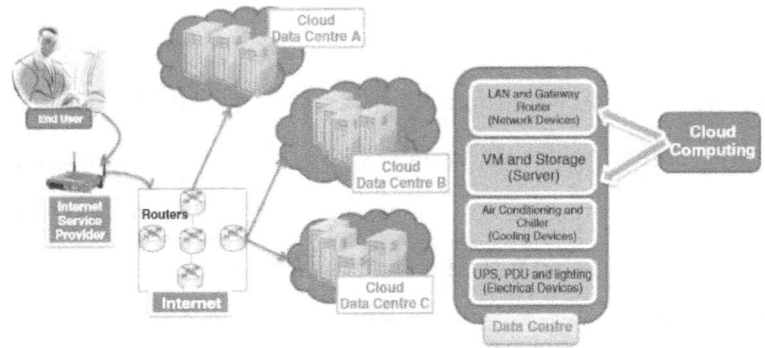

Figura 32 - Modello d'uso del cloud computing (Fonte: Murugesan & Gangadharan, 2012, p. 323)

All'interno dei data centre, i dati passano attraverso una rete locale e vengono elaborati su macchine virtuali distribuite all'interno di server. Ognuno di questi dispositivi di elaborazione e di rete contribuiscono al consumo di energia. Inoltre, all'interno di un cloud data center, ci sono molti altri dispositivi, come quello per il raffreddamento e dispositivi elettrici, precedentemente trattati. Questi dispositivi non aiutano direttamente a fornire un servizio di cloud, ma sono i maggiori contribuenti per il consumo di energia di un data center cloud. (Murugesan & Gangadharan, 2012, p. 322-323)

User and Cloud Software Applications

Il fattore primo che contribuisce al consumo di energia è il modo in cui le applicazioni software sono progettate e realizzate. Il cloud computing può essere utilizzato per l'esecuzione di applicazioni di proprietà dei singoli utenti o offerte dal fornitore di cloud utilizzando il modello SaaS. In entrambi i casi, il consumo di energia dipende dall'applicazione stessa. Se l'applicazione è in esecuzione per lungo tempo con elevati requisiti di memoria e CPU, la sua esecuzione si tradurrà in un elevato consumo di energia. Pertanto, il consumo di energia dipenderà direttamente dall'applicazione stessa. L'assegnazione delle risorse in base al livello massimo di CPU e di memoria comporta un elevato consumo di energia rispetto a quella effettivamente necessaria. (Murugesan & Gangadharan, 2012, p. 323)

Cloud Software Stack per i livelli SaaS, PaaS e IaaS

Il cloud software stack porta ad un sovraccarico in più nell'esecuzione di applicazioni da parte degli utenti. I fornitori dei servizi cloud, per soddisfare determinati livelli di qualità del servizio forniscono più risorse di quante sono generalmente richieste. Ad esempio, per evitare il fallimento delle operazioni degli utenti, il recupero veloce e la riduzione dei tempi di risposta, i fornitori devono mantenere diverse repliche degli storage attraverso molti data center. I dati vengono quindi replicati su molti server in tutto il mondo rischiando di aumentare il consumo energetico. (Murugesan & Gangadharan, 2012, p. 323-324)

Dispositivi di rete

Il sistema di rete consuma una parte non trascurabile di energia. Nel cloud computing, dal momento che le risorse sono accessibili attraverso Internet, sono necessari sia i dispositivi locali e sia quelli di rete.

Nel cloud computing, i dati degli utenti viaggiano attraverso molti dispositivi prima di raggiungere un centro dati. In generale, il computer dell'utente è collegato allo switch Ethernet del suo provider di servizi Internet (ISP). La rete Broadband Network Gateway (BNG), a questo punto, esegue la gestione e le funzioni di autenticazione sui pacchetti ricevuti dagli switch Ethernet. I router BNG si connettono ad altri router Internet attraverso l'edge router del provider. Ognuno di questi dispositivi consuma potenza secondo il suo volume traffico.

La maggior parte dell'energia nei dispositivi di rete è sprecata perché essi sono progettati per gestire gli scenari di traffico peggiori. Pertanto, il consumo di energia di questi dispositivi rimane quasi lo stesso sia durante il tempo di picco che durante stato di inattività. Sono necessari molti miglioramenti per ottenere minor consumo di energia in questi dispositivi. Per esempio, durante i periodi di basso utilizzo, i collegamenti Ethernet possono essere spenti e i pacchetti possono essere instradati seguendo percorsi alternativi. Sono possibili ulteriori risparmi energetici a livello hardware dei router attraverso la selezione e l'ottimizzazione del layout dei vari componenti interni. (Murugesan & Gangadharan, 2012, p. 324-325)

Data Center

I data center cloud sono molto diversi dalle strutture di hosting tradizionali. Un data center cloud potrebbe comprendere molte centinaia o migliaia di computer collegati in rete con i loro corrispondenti sottosistemi di storage, di rete, di distribuzione d'energia e impianti di condizionamento. A causa del gran numero di attrezzature, i data center cloud possono consumare molta energia ed emettere grandi quantità di anidride carbonica. La Figura 33 elenca le attrezzature in genere utilizzate nei data center con il loro consumo di energia. Si può osservare chiaramente come i server e i sistemi di storage non siano l'unica componente che consuma energia nel data center cloud e di come la maggior parte di consumo di energia avviene per scopi diversi da quelli propriamente informatici. (Murugesan & Gangadharan, 2012, p. 325)

Data centre subsystem	Percentage of energy used
Cooling device (chiller, computer room air conditioning (CRAC))	42
IT equipment	30
Electrical equipments (UPSs, power distribution units (PDUs), lighting)	28

Figura 33 - Sottosistemi di un data center e relativi consumi di energia in percentuale (Fonte: Murugesan & Gangadharan, 2012, p. 325)

Caratteristiche del clouds che permettono il Green Computing

Anche se c'è grande preoccupazione nella comunità riguardo al fatto che il cloud computing possa portare ad un più alto consumo di energia dai data center, il cloud computing ha una forte linea green. Ci sono diversi concetti e tecnologie utilizzate dai fornitori di cloud per ottenere un migliore utilizzo del calcolo tradizionale. Pertanto, nel cloud computing è prevista un'emissione di carbonio decisamente minore a causa di infrastrutture altamente efficienti in termini di utilizzo dell'energia. La tecnologia chiave è certamente la virtualizzazione, che permette un significativo miglioramento nell'efficienza energetica dei fornitori di cloud, sfruttando le economie di scala associate con un gran numero di organizzazioni che condividono la stessa infrastruttura. (Smith & Nair, 2003) Con il consolidamento di server sottoutilizzati, che condividono lo stesso server fisico sotto forma di più virtual machine, le aziende possono ottenere un buon risparmio sotto forma di spazio, di gestione e di energia. Secondo il rapporto di Accenture (Accenture Microsoft Report, 2010) i quattro fattori chiave permettono al cloud computing di creare minori emissioni di utilizzo di energia sono:

1. Provisioning dinamico: Nelle impostazioni tradizionali, i data center e le infrastrutture private sono mantenute per adempiere ad una domanda peggiore. Così, le aziende IT, finiscono per distribuire molte più infrastrutture di quanto sia necessario. Ci sono principalmente

due ragioni per questo fenomeno (detto over-provisioning):
- è difficile prevedere la domanda delle risorse nel corso del tempo;
- è necessario garantire la disponibilità del servizio e mantenere livelli di qualità per gli utenti finali.

Uno studio condotto da IBM nel 2008 sul sito web dell'Australian Open[19] ci fornisce un ottimo spunto per analizzare questo problema. Il sito web dello studio in oggetto è aperto ogni anno ma riceve un significativo picco di visite durante il periodo del torneo sportivo. Per gestire tale carico di traffico, non è sicuramente efficiente lasciare in funzione un centinaio di server durante tutto l'anno. Scenari come questi possono essere facilmente gestiti da un'infrastruttura cloud. I data center possono sempre mantenere i server attivi in base alla domanda attuale, il che si traduce in minori consumi energetici rispetto all'approccio conservativo di over-provisioning.

---

[19] L'Australian Open è un torneo di tennis che si tiene ogni anno a Melbourne in Australia durante la terza e la quarta settimana di gennaio.

2. Multi-tenancy: Utilizzando l'approccio multi-tenancy, l'infrastruttura di cloud computing riduce il consumo complessivo di energia e le emissioni di carbonio associate. I fornitori SaaS servono più compagnie sulla stessa infrastruttura. Questo approccio è più efficiente in termini di energia rispetto più copie del software installate e eseguite su infrastrutture diverse.
3. L'utilizzo dei server: Utilizzando tecnologie di virtualizzazione, le applicazioni multiple possono essere ospitate ed eseguite sullo stesso server, determinando in tal modo i livelli di utilizzo dello stesso fino al 70% delle sue potenzialità riducendo drasticamente il numero di server attivi.
4. Efficienza dei data center: Utilizzando le tecnologie più efficienti in termini di energia, i fornitori di cloud coprono un ruolo fondamentale nel migliorare l'efficacia nel consumo energetico dei loro data center. Il cloud computing consente ai servizi di essere spostati tra i data center che sono in esecuzione con i valori PUE migliori.

Grazie a queste caratteristiche, le aziende possono attraverso il cloud computing ridurre le emissioni di anidride carbonica di almeno il 30%. (Murugesan & Gangadharan, 2012, p. 325-327)

1.4.3 Green printing

Un vantaggio enorme dell'era elettronica è che la tecnologia può consentire di accelerare e rendere più efficienti i processi su cui si basano le organizzazioni. Sostituire la produzione di documenti cartacei (ingombranti) con documenti digitali (o digitalizzati) risulta una soluzione più sostenibile.

I documenti cartacei sono più costosi da creare, distribuire, elaborare e smaltire. I vantaggi dei documenti digitali, se correttamente organizzati, superano i benefici della stampa. Si consideri che:

- È possibile cercare documenti digitali elettronicamente;
- I documenti digitali sono facili da distribuire;
- Anche documenti audio, video o grafici possono essere organizzati digitalmente;
- Il non-uso di carta non solo ne riducono il consumo ma migliorano il processo stesso. Si pensi per esempio a quando si compila un modulo, è comunque probabile che qualcun altro deve interpretare la vostra calligrafia e per inserire dei dati in un computer. Se si registrano

questi dati direttamente online impiegando dei form, la registrazione è inserita direttamente all'interno di un database senza la necessità di intermediari.

Uno studio condotto presso una grande banca commerciale ha trovato un potenziale ritorno sugli investimenti di oltre 36 milioni di dollari utilizzando solo documenti digitali anziché stamparli su carta (e questo in soli sei dipartimenti della banca).
La scansione di documenti cartacei vecchi e la loro memorizzazione in digitale consente di:

- liberare spazio negli uffici;
- fornisce una migliore protezione dei documenti che, viceversa, nel tempo potrebbero danneggiarsi.

Vi è poi l'abitudine di stampare documenti digitali o la posta elettronica prima ancora di averla letta su schermo. Sarebbe necessario aiutare le persone a cambiare questa abitudine e renderle più consapevoli dei costi e degli sprechi della stampa di questi messaggi.
Il consiglio suggerito dai manuali in bibliografia, apparentemente banale ma decisamente veritiero ed efficace, è di rendere un po' "più scomodo" l'uso delle stampanti e quindi avere solo il

numero di stampanti strettamente necessarie e fuori dalla portata di mano. Quando le persone sono costrette ad abbandonare il lavoro per recuperare la loro stampa possono trovare più conveniente leggere i documenti su schermo.

È preferibile stampare utilizzando entrambi i lati del foglio, alcune stampanti sono in grado di farlo automaticamente; altre permettono di reinserire una pagina in modo che la stampante possa stampare sul secondo lato. È anche possibile impostare la stampa fronte-retro come impostazione predefinita. La stampa fronte-retro non aiuterà con i costi di inchiostro o dell'energia di per sé, ma il risparmio sulla carta è chiaramente dimezzato. (Baroudi, 2009, p. 77-84)

Oltre a ridurre il consumo di carta, avere meno stampanti negli uffici riduce il numero di quelle da alimentare (riducendo i costi energetici) e riducono la necessità di spazi. Infine, non da dimenticare, sono i rischi comuni legati ad un uso intensivo di stampanti toner e al rilascio delle relative polveri di stampa quali: prurito e irritazioni cutanee, bruciore agli occhi, tosse, dispnea e mal di testa.[20] (Koller, Kunz, Jost, & Pletscher, 2015)

---

[20] I toner sono composti da materie termoplastiche (particelle polimeriche) nelle quali sono legati i pigmenti. I diametri delle particelle variano generalmente tra i 2 e i 10 μm con valori medi di circa 5 μm. Le polveri dei toner sono quindi classificabili come polveri respirabili (in grado di penetrare negli

L'uso e il mantenimento di archivi cartacei è una pratica non necessariamente più sicura rispetto a quella degli archivi digitali:

- i documenti devono essere depositati e gestiti in modo corretto;
- In generale, le organizzazioni non hanno "copie di backup" dei propri schedari, eventi di natura non prevedibile potrebbero danneggiarli in maniera irrecuperabile;
- Limitare gli accessi ad un archivio cartaceo è una pratica comune, ma se i documenti contengono dati sensibili, quali livelli di fiducia si può avere nei confronti delle persone che detengono le chiavi per aprirli?

Non è esagerato pensare che, dato l'aumento dei regolamenti dedicati alla riservatezza dei dati, è probabile che questi siano

---

alveoli polmonari). Le particelle polimeriche non sono solubili in soluzioni acquose e quindi persistono nei fluidi e nei tessuti biologici. Sotto l'aspetto biologico hanno un comportamento pressoché inerte. Le sperimentazioni su animali esposti a concentrazioni realistiche hanno dimostrato che la tossicità di queste sostanze è scarsa. Durante il funzionamento, le fotocopiatrici e le stampanti possono emettere COV, ozono e altre sostanze come composti dello stagno e metalli pesanti. Le concentrazioni misurate nell'aria ambiente si collocano tuttavia ben al di sotto dei valori limite di esposizione professionale attualmente in vigore. Anche se i dati attualmente disponibili non permettono di trarre delle conclusioni definitive, non è ancora escluso che le polveri dei toner possano avere un effetto cancerogeno. (Koller, Kunz, Jost, & Pletscher, 2015) meglio protetti in formato digitale che in quello cartaceo. Inoltre, sempre in tema di accessi indesiderati, fare una copia fisica di documenti cartacei non lascia alcuna traccia, i software che gestiscono gli archivi digitali possono invece limitare gli accessi e registrarli.

Importante è infine la scelta della carta da stampa. Di questa va sempre preferita quella prevalentemente composta da carta riciclata e va verificata l'origine, acquistando solo risme prodotte dalla cellulosa di foreste controllate. (Baroudi, 2009, p. 77-84)

1.4.4 Integrazione di strategie di green computing ai modelli di business tradizionali

Le strategie di green computing sono essenzialmente le strategie di business che incorporano integralmente la riduzione delle emissioni di carbonio e altre considerazioni ambientali nella loro formulazione ed esecuzione. Per strategie di successo i responsabili delle decisioni di un'organizzazione devono quindi allineare e sincronizzare i loro affari con gli interessi ambientali e sociali. Questo allineamento comprende diversi oggetti, tra cui lo sviluppo di strategie di green computing.

Le strategie di green computing comprendono problematiche di business, di leadership nei processi decisionali, l'architettura del business, la tecnologia nonché la motivazione dei lavoratori. Ghose (2011) ha fornito una buona discussione sugli approcci di strategie di green computing utilizzando un approccio olistico che suddivide la coscienza ambientale in base a fattori di natura micro e macroeconomica. Una discussione approfondita di questi vari aspetti è presentato da Unhelkar (2011). (Ghose, 2011; Unhelkar, 2011)

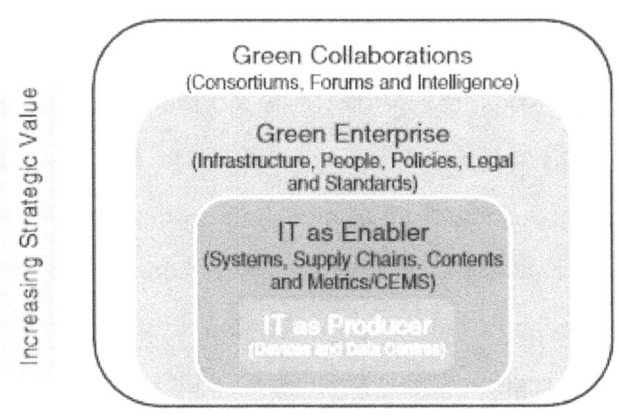

Figura 34 - Approccio olistico alle strategie di business per il green computing
(Fonte: Murugesan & Gangadharan, 2012, p. 150)

L'IT è produce emissioni di anidride carbonica che hanno un impatto ambientale nell'intero ciclo di vita dei prodotti. Quando si considera la dimensione "IT as Producer", i vantaggi immediati possono essere acquisiti riducendo l'utilizzo dell'IT stesso. L'approccio semplice è spegnere computer e monitor quando non in uso e per ridurre i consumi e il traffico di rete.
Un approccio più globale, tuttavia, consegue quando viene utilizzato come un fattore strategico di riduzione delle emissioni di carbonio, "IT as Enabler". In questo strato, i sistemi e processi IT sono utilizzati per ridurre le emissioni di carbonio non solo degli stessi, ma anche l'intera organizzazione. Nello strato immediatamente circostante "Green Enterprise", i risultati delle strategie IT green includono l'infrastruttura organizzativa, le persone, le politiche, il diritto, le norme, le metriche e tutti i processi associati inclusa la supply chain e la commercializzazione, a prescindere dal coinvolgimento di IT in questi processi. Alla fine, nell'ultimo strato ("Green collaboration"), più organizzazioni collaboreranno fra di loro fino ad unificare le loro strategie. (Murugesan & Gangadharan, 2012, p. 149-151)

Approcci alle strategie di green IT

Una considerazione importante nello sviluppo di una strategia IT verde è il lasso di tempo nel quale vuole essere praticata. Ad esempio, se l'organizzazione e vista solo come "IT as Producer", le misure praticabili sono semplici e veloci (come spegnere monitor e computer quando non in uso). Un approccio più completo e strategico coinvolgerà anche altre misure e un periodo di tempo più lungo per raggiungere gli obiettivi.

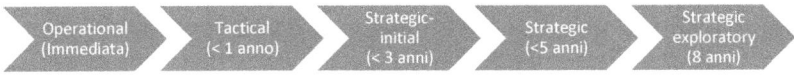

Figura 35 - Le strategie di green computing rispetto al fattore tempo

La Figura 35 mostra la gamma di impatto delle strategie IT green su un'organizzazione in base agli intervalli di tempo e alla portata dell'intervento strategico. Abbiamo strategie di tipo:
- Operativo (immediato): Interventi semplici attuati attraverso azioni immediate Spegnendo i dispositivi inutilizzati, riducendo le stampe su carta sono le azioni più visibili e non richiedono quello che è considerato un ap-

proccio propriamente strategico. Semplicemente informare gli utenti che c'è bisogno di spegnere i computer quando non in uso, o implementare un metodo interno per ridurre l'uso della carta. Una formazione iniziale è utile per ottenere queste iniziative di green IT.

- Tattico (entro un anno). A livello tattico, l'organizzazione ha bisogno di circa un anno per costruire la sua capacità di ridurre le emissioni di carbonio. Esempi di queste azioni tattiche includono la sostituzione dei monitor di computer esistenti dell'organizzazione con soluzioni più efficienti, o la sostituzione di dispositivi mobili e apparecchiature di rete entro un anno. Allo stesso modo, possono essere istituiti dai responsabili programmi di riciclaggio per i loro rispettivi reparti che incoraggiando il personale a prenderne parte.
- Strategica-iniziale (entro tre anni). Tali iniziative sono formulate e approvate dai responsabili, hanno notevole sostegno di bilancio e si basano su un approccio olistico al greening che comprende i centri dati dell'organizzazione, gli edifici, le catene di fornitura, le strategie di smaltimento e anche le vendite e il marketing.

- Strategica (entro cinque anni). Questa strategia IT verde è un ulteriore ampliamento della suddetta strategia di tre anni, ma ha una maggiore profondità e ampiezza della copertura. Ad esempio questa strategia potrebbe anche portare a un cambiamento completo dell'atteggiamento delle persone a tutti i livelli e riorganizzare l'architettura di business. L'infrastruttura fisica, come ad esempio edifici e centri dati, sarà sottoposto all'identificazione dei rischi e le opportunità connessi al processo di greening e verranno anche tracciate le tendenze dei modelli impiegati in termini di risparmio di carbonio interni e crediti di carbonio esterni. L'organizzazione sarà influenzata e a sua volta influenzerà altre organizzazioni partner attraverso collaborazioni. Le fonti energetiche rinnovabili sono preferite.
- Strategico-esplorativa (entro otto anni). Tale approccio a lungo termine richiede di immaginare il futuro in termini di tecnologie e di business in un'ottica green. Queste ricerche sono importanti, soprattutto per le organizzazioni di grandi dimensioni e globali, nonché per gli enti governativi, consentendo alle organizzazioni di prepararsi per molteplici tecnologie future. Ad esempio, tali

organizzazioni avranno le risorse per creare prototipi e misurare gli impatti di nanotecnologie e biomimetica. (Murugesan & Gangadharan, 2012, p. 151-153)

1.4.5 IT come supporto alle iniziative green

Il fenomeno del green computing, oltre a muovere i dispositivi verso una direzione più "verde", può contribuire a creare "consapevolezza verde" tra i professionisti, le imprese, e il pubblico in generale. L'IT fornisce assistenza per costruire comunità e sostenendo campagne di educazione ambientale.

Lungo questa linea troviamo strumenti quali:

- Portali ambientali web;
- Blog;
- Wiki;
- simulazioni interattive di impatto ambientale.

L'IT è quindi parte del problema ambientale ma può essere parte della soluzione.

Ciò non toglie che il green IT sia un imperativo, non un'opzione. Le sfide del green computing sono immense; tuttavia, i recenti sviluppi indicano che il settore digitale ha una vera volontà di affrontare i problemi ambientali e a testa alta. (Murugesan, 2008)

4. E-commerce sostenibile

> Desideriamo proiettarci nel futuro e muoverci in una prospettiva a lungo termine, una caratteristica rara di questi tempi. Il senso di prospettiva non è virtù comune nel mondo delle aziende. Tuttavia la maggior parte delle cose che abbiamo fatto ci ha richiesto tantissimo tempo.
>
> Jeff Bezos, fondatore di Amazon

4.1 Portata del fenomeno e-commerce

Il *commercio elettronico* (o *e-commerce*) è «il sistema che consente di effettuare transazioni in modo elettronico fra due o più entità collegate tra loro con apparati informatici e sistemi di telecomunicazioni, vendendo o acquisendo beni e servizi attraverso una forma di pagamento elettronico e un sistema di consegna a domicilio o attraverso una consegna digitale. Tutte le fasi di acquisizione delle informazioni, selezione, scelta, ordine, pagamento dei prodotti, validazione, evasione dell'ordine e gestione delle fasi post-vendita vengono effettuate con modalità elettroniche». (Tripodi, Santoro, & Missineo, 2000, p. 19)

La vendita online di prodotti e servizi ha rappresentato nel 2015 il 7,4% del totale del mercato di vendita al dettaglio a livello globale. Si stima che complessivamente abbia mobilitato 1671 miliardi di dollari, oltre 350 miliardi di dollari in più rispetto al 2014. Secondo questi trend nel 2019 questo valore sarà più che raddoppiato fino a raggiungere un fatturato di 3578 miliardi di dollari rappresentando il 12,8% degli acquisti al dettaglio totali. (Emarketer, 2015)

Per quanto riguarda il mercato online B2B, ovvero il mercato rivolto alle imprese, si stima che il fatturato mondiale dell'e-commerce raggiungerà i 6700 miliardi di dollari entro il 2020, il doppio del B2C previsto per quello stesso anno.

Nel B2C i mercati di maggiori dimensioni restano gli Stati Uniti e la Cina dove, tra l'altro, hanno sede i player principali, rispettivamente Amazon (che nel 2015 ha fatturato a livello globale 98 miliardi di Euro) e Alibaba per il mercato cinese.

Stringendo l'analisi sull'Europa scopriamo che il valore dell'e-commerce è stimato essere di circa 477 miliardi di dollari nel 2015. Il Regno Unito, la Germania e la Francia coprono circa due terzi di questo fatturato. Al settimo posto dopo Russia, Spagna e Olanda si posiziona l'Italia.

In Italia, nel 2016, si contano 16 mila aziende che sfruttano il canale online per le loro vendite e, secondo le stime, arriveranno a raggiungeranno le 50 mila entro il 2025. Un terzo di esse è localizzato in due regioni: Lombardia (3 mila) e Lazio (1.840). Seguono Campania, Emilia Romagna, Piemonte, Veneto e Toscana.

Gli italiani che attualmente hanno accesso a Internet sono 28,7 milioni, quasi un milione in più del 2015 (quando erano 27,8 milioni, circa il 52% degli italiani dai 2 anni in su), collegati da tutti i dispositivi (desktop, smartphone e tablet). Cresce infatti l'accesso a internet da dispositivi mobili con circa 22,3 milioni di utenti attivi nel mese. Il 75,8% degli utenti online, 21,8 milioni, ha visitato almeno un sito o applicazione dedicato all'e-commerce, dedicandovi in media 1 ora e 39 minuti.

Il valore del fatturato dall'e-commerce italiano è stimato in 28,8 miliardi di euro nel 2015 (vedi Figura 36). Il fatturato delle vendite online è cresciuto complessivamente del 19% rispetto al 2014.

Il 2015 è stato un anno importante per l'e-commerce alimentare in Italia (vedi Figura 37), che inizia ha iniziato lentamente a colmare il divario che aveva rispetto agli altri Paesi europei. Questo grazie alla crescita dei player locali, ma soprattutto grazie all'arrivo di player internazionali che sono entrati sul mercato attraverso progressive acquisizioni. Just Eat, per esempio, è una società londinese che ha acquisito Clicca e Mangia a Milano, DeliveRex a Roma, HelloFood Italia e PizzaBo per 125 milioni di euro. Oggi 3.500 ristoranti in Italia utilizzano Just Eat e solo PizzaBo nel 2015 aveva consegnato 3 milioni di pizze. Sempre per il settore alimentare il 2015 è stato l'anno del lancio di Amazon Prime Now per la consegna della spesa a Milano e in 34 comuni dell'hinterland. Lanciato a novembre 2015, permette l'acquisto di oltre 20 mila prodotti grocery e di altre tipologie, inclusi prodotti freschi, e da febbraio 2016 anche oltre 30 tipologie di frutta e verdura fresche. L'acquisto è possibile esclusivamente via mobile app, con consegna a domicilio dalle 8 a mezzanotte, tutti i giorni della settimana, entro un'ora dall'acquisto in alcune zone e nella fascia oraria preferita dal cliente nelle altre zone. (Casaleggio associati, 2016)

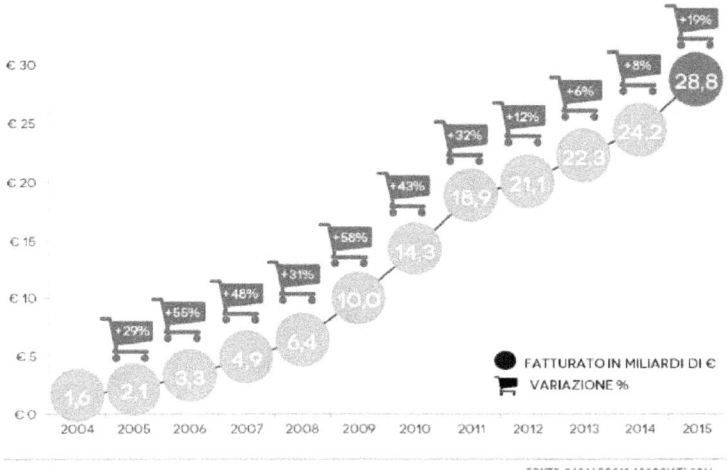

Figura 36 - Portata dell'e-commerce italiano

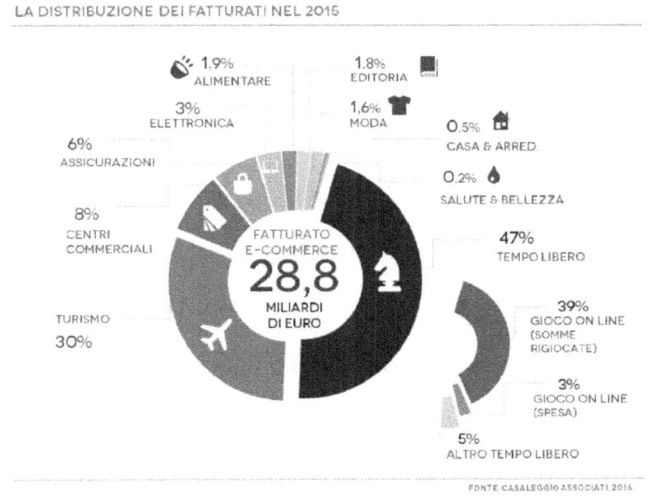

Figura 37 - Distribuzione per settore merceologico dell'e-commerce nel 2015

4.2 Impatto ambientale dell'e-commerce

Esistono diversi studi sull'impatto ambientale dell'e-commerce (Velásquez, Ahmad, & Bliemel, 2009), il quadro dei risultati solo in questi ultimi anni sembra essere più completo e unitario.

La vendita al dettaglio on-line può avere un'ampia portata di effetti ambientali non solo attraverso la distribuzione fisica dei prodotti (e quindi la logistica), ma anche attraverso un maggiore impiego dell'IT (da qui il capitolo 3 sul green computing), degli imballaggi e, infine, attraverso un cambiamento dei modelli di consumo.

La maggior parte dei pacchi proveniente dalla vendita online viene distribuita attraverso dei furgoni che sono, come si vedrà più avanti, rispetto ai camion, più inquinanti se si analizza il parametro tonnellata-km. Nel valutare l'impatto ambientale relativo all'e-commerce B2C tuttavia, il confronto principale non è tra furgoni e camion, ma piuttosto tra furgoni e automobili, e di come le consegne per mezzo di furgoni possono sostituire lo shopping effettuato dai consumatori comuni utilizzando le auto per raggiungere i punti vendita.

Diversi rivenditori on-line sostengono nelle loro pubblicità che lo shopping online, rispetto a quello effettuato con mezzi convenzionali, produce meno effetti negativi sull'ambientale (Smithers, 2007). Diversi studi hanno cercato di testare la validità di questa affermazione, tra cui (Matthews, Hendrickson, & Soh, 2001), (Rotem-Mindali, 2010), (Edwards, McKinnon, & Cullinane, 2010), (Weber, et al., 2011), (Rizet, Browne, Cornelis, & Leonardi, 2012), (Van Loon, Deketele, Dewaele, McKinnon, & Rutherford, 2015).

4.2.1 I parametri chiave della vendita online vs. il commercio tradizionale

- *Conflitti di consegna*: La consegna a domicilio è un servizio chiave per il consumatore che ha acquistato online e può essere distinta in consegna "custodita" o "incustodita" a seconda che il ricevente debba essere presente o meno all'arrivo del corriere. Per la consegna custodita, il fornitore si accorda con il cliente su una finestra temporale (detta *delivery window*) la cui ampiezza e orario sono cruciali poiché per il corriere più è ampia la finestra di consegna più basso il costo della stessa, mentre per il cliente, più stretta è la finestra meno tempo dovrà trascorrere in attesa.

- *Fallimento di consegna*: Con "fallimento di consegna", in questo contesto, intendiamo quel fenomeno per cui, in assenza del destinatario, il corriere è costretto a ripresentarsi più volte per completare il suo incarico. Le stime sui tassi di questo fenomeno variano considerevolmente. Nel Regno Unito, per esempio, i dati oscillano da circa un quarto di consegne fallite ad una ogni otto tentativi. Tali errori di consegna portano ad un aumento dei costi da parte dei vettori ma anche un disagio per i clienti perché i pacchi devono essere riconsegnati in un secondo momento. Dopo diversi tentativi falliti di consegna, una percentuale molto piccola di pacchi viene restituita al mittente, oppure, essendo non recapitata, smaltita da parte dell'azienda di trasporto. Edwards, McKinnon, & Cullinane (2010) hanno stimato che la CO_2 emessa da un secondo tentativo di consegna è tra il 9 e il 75% in più rispetto al viaggio "originale". La stragrande maggioranza delle emissioni (85-95%) provenienti da un numero abbondante di mancate consegne nascono, non tanto dalla ripetizione della consegna (e quindi dal corriere), ma quando è il cliente a dover raggiungere in proprio con l'auto il deposito del vettore per ritirare l'ordine. Lo studio di Edwards, McKinnon, & Cullinane (2010) ha mostrato come l'utilizzo di un punto di raccolta, ad esempio in un piccolo negozio o in ufficio postale, potrebbe ridurre drasticamente la CO_2 associata ad una consegna a domicilio fallita.

- *Gestione dei resi*: i rivenditori online fanno fronte a un grande numero di restituzioni di prodotti rispetto ai rivenditori tradizionali, anche se i tassi di rendimento dipendono in larga misura dal tipo di prodotto venduto. L'abbigliamento, per esempio, ha alcuni dei più alti tassi di restituzione, compreso tra il 20 e il 50%.

- *Viaggi supplementari post-acquisto online*: Le consegne a domicilio vanno a sostituire una gran parte dei viaggi in auto e autobus che i consumatori avrebbero dovuto fare per raggiungere i negozi. Tuttavia, secondo alcune ricerche (Rotem-Mindali, 2010) (Van Loon, Deketele, Dewaele, McKinnon, & Rutherford, 2015), i consumatori possono utilizzare il tempo risparmiato per fare la spesa per compiere altri tipi di viaggio, spesso in auto e talvolta in luoghi lontani. La ricerca ha dimostrato che, anche quando i consumatori ordinano la maggior parte del loro spesa settimanale on-line con consegna, fanno ugualmente viaggi per altri acquisti intermedi. Questi viaggi supplementari potrebbero aggiungere tra il 7 e il 29% alle emissioni di carbonio dalla vendita al dettaglio on-line. Ciò riduce del tutto l'eventuale beneficio ambientale che poteva essere tratto dalla vendita tramite e-commerce.

4.2.2 Migliorare le prestazioni ambientali dell'e-commerce B2C

Per migliorare le prestazioni dell'e-commerce è possibile adottare diverse strategie:

- *Ampia adozione di sistemi di deposito incustoditi*: l'utilizzo di punti di deposito e di cassette postali progettate ad hoc per la consegna di pacchi voluminosi senza la presenza del destinatario, elimina il rischio della potenziale mancata consegna e permette ai corrieri una pianificazione molto più efficiente.

- *Crescita del commercio al dettaglio on-line*: la crescita dei volumi di vendita online aumenta l'estensione dei sistemi di deposito e il carico dei corrieri. Aumentando i fattori di carico le emissioni sono destinate a ridursi. Il pericolo è che, pur avendo vantaggi ambientali, si metta a rischio la produttività delle aziende che si occupano delle consegne.
- *Elevata efficienza ambientale dei furgoni*: i furgoni utilizzati per la consegne locali sono i principali responsabili di gran parte dell'impatto ambientale dell'e-commerce. Per tagliare le emissioni delle consegne è necessario migliorarne l'efficienza energetica preferendo l'uso di biocarburanti e di tecnologie ibride.
- *L'utilizzo del crowd*-shipping: una quota significativa degli ordini on-line potrebbe essere consegnata da parte dei cittadini stessi impegnati dalle aziende su una base part-time agendo come corrieri. Essi ricevono un piccolo quantitativo di pacchi per la consegna all'interno del loro quartiere e, utilizzando le loro auto private, la bicicletta o muovendosi a piedi, completano il trasferimento merci. Di norma, questo permette le consegne la sera o nei fine settimana quando le persone sono con più

probabilità a casa. Il servizio è reso possibile da piattaforme online come Zipments (www.zipments.com). Alcune di queste piattaforme sono veri e propri modelli di trasformazione della logistica che arruolano persone già in viaggio da un punto A a un punto B per prendere un pacchetto con loro e, facendo una sosta lungo la strada, consegnarlo.

Le valutazioni complessive relative all'impatto ambientale dell'e-commerce B2C devono essere distinte in *variazioni dei volumi di merci* e *trasporto personale*. La Figura 38 mappa le interrelazioni tra i parametri chiave che influenzano la valutazione.

La quantità di traffico merci è fortemente influenzata dal termine d'esecuzione, dalla natura dell'operazione di ricezione (custodita o non custodita) e dalla larghezza della finestra di consegna. Il volume di trasporto personale, invece, è determinato dal ricorso ai punti di raccolta e dalla consegna in casa, dal grado di sostituzione del viaggio e dai cambiamenti nel comportamento di acquisto dei consumatori.

La forza relativa delle varie relazioni esposte nella Figura 38 è difficile da quantificare e può variare a seconda del settore di mercato e per l'area geografica oggetto di analisi. La ricerca empirica disponibile, tuttavia, suggerisce che, in determinate circostanze di equilibrio, la vendita al dettaglio on-line è in grado di generare meno traffico e quindi meno emissioni per ogni ordine del cliente rispetto alle forme tradizionali di shopping. (McKinnon, Browne, Whiteing, & Piecyk, 2015, p. 326-335)

4.3 Logistica sostenibile

Il termine *logistica* è ampiamente utilizzato per descrivere il trasporto, lo stoccaggio e la movimentazione dei prodotti mentre si spostano dal produttore della materia prima all'interno del sistema di produzione, fino al consumatore finale. Sebbene le attività legate alla logistica siano state fondamentali per lo sviluppo economico e il benessere sociale per millenni, solo negli ultimi cinquant'anni essa è diventata un fattore determinante per le prestazioni di business nonché area di studi accademici.

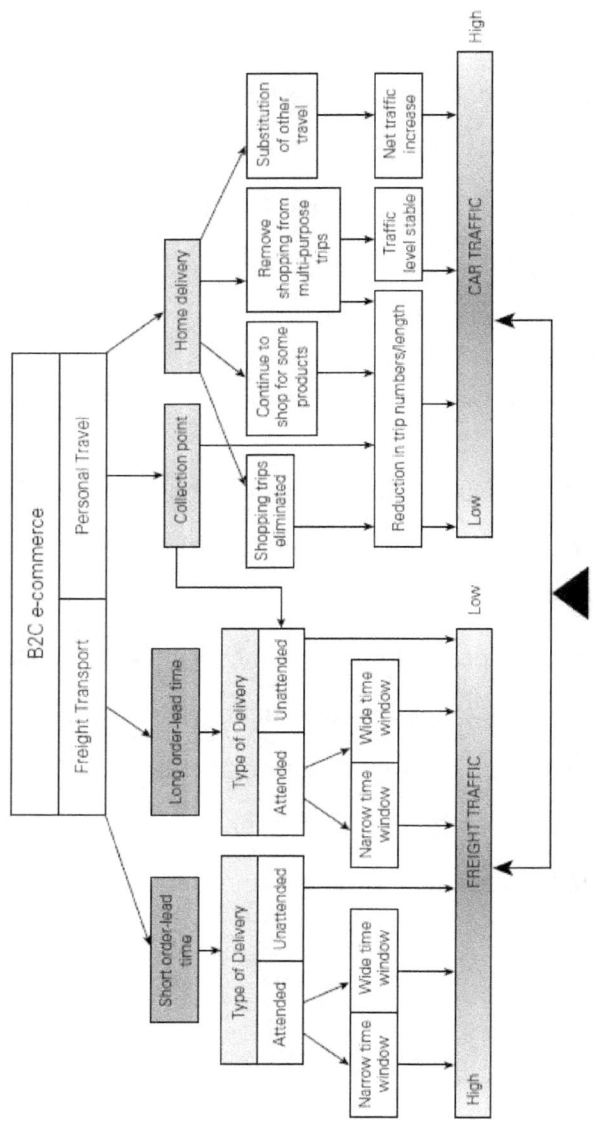

Figura 38 - Gli effetti dell'e-commerce B2C sul traffico merci e sui viaggi personali
(Fonte: McKinnon, Browne, Whiteing, & Piecyk, 2015, p. 334)

L'obiettivo principale, fino a 10-15 anni fa, di chi si occupava di logistica era quello di organizzare le attività in modo da massimizzare la redditività. La crescente preoccupazione del pubblico e dei governi per l'ambiente ha posto una crescente pressione alle aziende per ridurre l'impatto ambientale delle proprie attività logistiche portando nei bilanci l'inclusione dei costi ambientali e sociali.

La distribuzione dei beni compromette la qualità dell'aria a livello locale, genera rumore e vibrazioni, è causa di incidenti e da un contributo significativo al riscaldamento globale. Si stima che nel 2010 la movimentazione delle merci ha prodotto circa il 43% di tutta l'energia utilizzata nei trasporti e circa il 12% del consumo totale di energia globale. (McKinnon, Browne, Whiteing, & Piecyk, 2015, p. 3-4)

Nasce quindi la *logistica sostenibile* ovvero una forma di logistica che mira a offrire al mercato un servizio più efficiente e più attento all'ambiente. L'obiettivo è quello di realizzare una *supply chain lunga* che promuova soluzioni compatibili tra i problemi di mobilità delle merci e la questione ambientale.

Questa azione di trasformazione dei processi secondo una logica di sostenibilità comporta a una riduzione degli sprechi, una ottimizzazione dei consumi e a privilegiare il riuso, con notevoli riduzioni di costi e interessanti ritorni economici oltre che di immagine (vedi Figura 39). (Aguiari & Provedel, 2013, p. 17)

Nella valutazione degli effetti ambientali della logistica è importante distinguere tra impatti di primo ordine e impatti di secondo ordine. Gli impatti ambientali del primo ordine sono quelli direttamente connessi con il trasporto merci e allo stoccaggio. Gli impatti di secondo ordine, invece, sono conseguenze indirette di tali operazioni e possono assumere varie forme. Per esempio, mentre l'aumento del trasporto aereo e delle altre forme di traffico è considerato un effetto di primo ordine, l'aumento del settore delle infrastrutture, come ad esempio la costruzione di strade nelle aree vulnerabili, è un effetto di secondo ordine. (McKinnon, Browne, Whiteing, & Piecyk, 2015, p. 32)

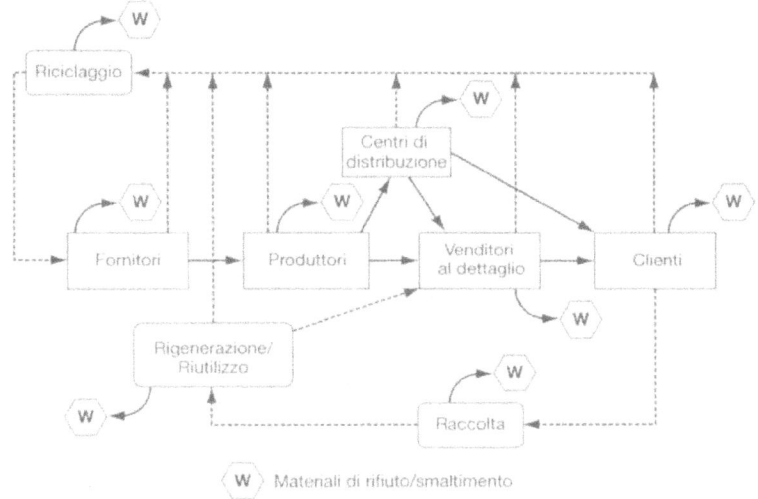

Figura 39 - Supply chain verde (Fonte: McKinnon, Cullinane, Browne, & Whiteing, 2012, p. 113)

4.3.1 Impatto ambientale del trasporto merci

Per quel che riguarda gli impatti di primo ordine in riferimento al trasporto merci si è soliti distinguerli in tre categorie:

- Emissioni atmosferiche;
- Inquinamento acustico;
- Incidenti. (McKinnon, Browne, Whiteing, & Piecyk, 2015, p. 32-51)

Le emissioni atmosferiche derivanti dal trasporto merci dipendono in larga misura dal tipo di carburante utilizzato. Il carburante maggiormente utilizzato dai veicoli impiegati per il trasporto merci è il diesel mentre, una quantità di beni relativamente piccola, viene trasportata su furgoni a benzina.

Il processo di combustione nei motori è incompleto. Se fosse possibile ottenere una combustione perfetta, gasolio e benzina (che contengono idrogeno e carbonio) rilascerebbero solo CO_2 e acqua. Tuttavia ad oggi i tubi di scarico delle auto emettono inquinanti quali idrocarburi, monossido di carbonio e ossidi di azoto. (Holmen & Niemeier, 2003)

Nella maggior parte dei paesi solo una parte relativamente piccola viene trasportata su da veicoli elettrici o da treni merci. Nel caso di questi mezzi l'inquinamento si genera al momento della produzione dell'elettricità (che può essere di origine rinnovabile). In paesi come la Francia e la Svizzera, dove solo una piccola percentuale di elettricità viene prodotta utilizzando i combustibili fossili, l'intensità delle emissioni di carbonio prodotta dalla linee elettriche ferroviarie è molto bassa. (IRU, 2002)

Il diesel e la benzina hanno impatti ambientali differenti (vedi Figura 40). I motori diesel emettono più CO_2 per unità di energia ma, avendo una maggiore efficienza energetica, il loro impatto complessivo sulle emissioni di carbonio è inferiore a quello degli equivalenti motori a benzina. (Schipper & Fulton, 2003) Tuttavia i motori diesel emettono livelli molto più elevati di polveri sottili e di ossidi d'azoto. (Holmen & Niemeier, 2003)

Tipo di carburante	Unità	Kg CO_2 per unità
Benzina	Litro	2,2144
Diesel	Litro	2,6008
CNG	Chilogrammi	2,7072
GPL	Litro	1,4929

Figura 40 - Fattori standard di conversione dei carburanti per il trasporto su strada
(Fonte: DEFRA, 2013)

Il traffico stradale è anche la principale causa dell'inquinamento acustico. Gli effetti negativi dell'esposizione ai rumori include: senso di fastidio, difficoltà di comunicazione, perdita del sonno e riduzione della capacità cognitiva che si traduce in una riduzione della produttività lavorativa. A più lungo termine possono insorgere problemi psicologici e fisiologici. (Schroten & den Boer, 2007)

Attualmente circa il 30% della popolazione europea è esposta a inquinamento acustico stradale e circa il 10% a rumori di origine ferroviaria superiore ai 55 decibel.

I rumori prodotti dai veicoli a motore sono tre:

- Rumore di propulsione che prevale a basse velocità;
- Rumore prodotto dal contatto fra i pneumatici e la strada;
- Rumore aerodinamico.

Ultimo impatto ambientale gli incidenti stradali che coinvolgono i veicoli commerciali pesanti che, nonostante a parità di distanza percorsa sono in numero inferiore rispetto agli incidenti automobilistici, hanno una probabilità più elevata di divenire fatali. (McKinnon, Browne, Whiteing, & Piecyk, 2015, p. 32-51)

4.3.2 Impatto ambientale delle attività di magazzinaggio

Nella valutazione dell'impatto ambientale delle attività di magazzinaggio delle merci bisogna prendere in considerazione diversi parametri come: l'energia diretta utilizzata, le emissioni prodotte, il consumo idrico e l'energia incorporata nei materiali di costruzione.

Si è soliti considerare per queste analisi non la totalità della superficie occupata dal sito, ma solo quella calpestabile con un valore espresso in metri quadrati. L'unità di misura dell'energia è il kWh e non tiene conto dell'origine dell'energia stessa. A sua volta l'energia utilizzata viene associata alla superficie calpestabile esprimendo i dati in kWh/m^2. Infine, le emissioni sono misurate come CO_2/m^2.

Per minimizzare l'impatto ambientale delle attività di magazzinaggio è possibile agire in diverse direzioni, in particolare:

1. Curando alcuni aspetti relativi al riscaldamento, all'illuminazione e alla movimentazione interna delle merci;
2. Sfruttando le energie rinnovabili;
3. Curando la progettazione degli edifici.

Per quel che riguarda il riscaldamento, il gas e l'olio combustibile rappresentano la fonte primaria di energia per il riscaldamento di un magazzino, mentre l'elettricità viene utilizzata per il raffreddamento. L'ammontare dell'energia consumata è causato principalmente da due fattori:

- La temperatura e l'umidità ottimale necessaria per conservare I prodotti stoccati;
- La temperatura degli spazi interni che deve permettere agli operatori di svolgere il lavoro in condizioni confortevoli.

Risparmi significativi possono essere ottenuti:
- Aprendo le porte soltanto nei periodi di attività dei veicoli;
- Incorporando barriere (come porte con chiusura aderente o porte a movimento rapido nelle aree frequentate dai carrelli elevatori);
- Separando le zone di ingresso e di uscita delle merci dalle aree di attività;
- Utilizzando più termostati, controllati a tempo e per zona.

La gestione efficace dell'illuminazione è l'aspetto più semplice della conduzione di un magazzino energeticamente efficiente. Contribuiscono a raggiungere una buona efficienza in questo campo semplici misure di economia domestica, l'utilizzo di tecnologie moderne associate a una buona progettazione e l'uso di sistemi di controllo. Il consumo annuale di energia è calcolabile moltiplicando il carico installato per la superficie e per le ore di attività.

La semplice pulizia periodica delle luci e un loro posizionamento adeguato può ridurre notevolmente i costi operativi.

Anche sui carrelli di movimentazione interna è possibile ridurre la domanda di energia elettrica. È Infatti possibile ricaricare il carrello durante il funzionamento sfruttando l'energia di ritorno prodotta durante le frenate e l'abbassamento dei montanti/forche.

L'energia rinnovabile generata localmente costituisce una soluzione parziale (ma certamente non ignorabile) al fabbisogno energetico di un magazzino.

Le principali forme di energia rinnovabile possono essere ricavate mediante:

- l'utilizzo di biomasse (trucioli, scarti del legno);
- il recupero dell'energia di scarto (calore prodotto dagli impianti di refrigerazione o dai compressori d'aria);
- il recupero dell'energia cinetica;
- la produzione di energia eolica;
- la produzione di energia solare (termica o fotovoltaica);
- scambiatori termici ad aria, terra e acqua. (McKinnon, Browne, Whiteing, & Piecyk, 2015, p. 194-221)

Una progettazione efficace del magazzino è sicuramente l'azione più duratura e con i ritorni economici più interessanti. I principali accorgimenti che possono essere utilizzati in fase di progettazione sono:

- utilizzare materiali di costruzione riciclati e di provenienza locale;
- utilizzare asfalto ecologico ovvero un asfalto la cui gettata viene fatta ad una temperatura inferiore rispetto a quello comune;
- costruire il magazzino con muri in materiali che isolano termicamente gli ambienti interni da quelli esterni;
- avere un sistema di riciclo dell'acqua piovana;
- installare caldaie a condensazione per la produzione dell'acqua calda;
- utilizzare sistemi di illuminazione efficienti (ossia con il giusto posizionamento, orientamento e dimensione);
- installare sonde di luminosità per il controllo delle lampade;
- avere il riscaldamento a pavimento;
- avere muri esposti a sud in grado di incorporare il più possibile calore;

- utilizzare per il riscaldamento un impianto energetico a biomassa;
- avere pareti ventilate con "effetto camino" per la protezione dagli agenti atmosferici;
- avere lucernai che permettono di illuminare il magazzino di luce naturale. (MLC Consulting, 2015)

4.3.3 Caratteristiche e impatti ambientali delle principali modalità di trasporto

Le principali modalità di trasporto hanno caratteristiche diverse che le portano a giocare ruoli differenti nella movimentazione delle merci.

Il trasporto ferroviario e quello via acqua presentano dei vantaggi nello spostamento delle materie prime grazie alla capacità di trasportare grandi quantità di merci in un unico treno/nave.

Il trasporto su strada, svincolato dalla necessità dell'infrastruttura a rotaia o delle acque navigabili, risulta più flessibile e viene utilizzato soprattutto per la movimentazione di prodotti finiti.

I valori medi della lunghezza di un viaggio su strada, ferrovia e nave sono rispettivamente di 86, 201 e 401 km. Ci sono quindi variazioni ampie e consolidate sulla distanza media percorsa in ciascuna delle modalità. La Figura 41 mostra una valutazione indicativa di idoneità modale per una serie di tipologie merceologiche e mette in luce anche il predominio del trasporto via acqua nella movimentazione dei prodotti petroliferi, del trasporto ferroviario nel mercato del carbone e del coke, della strada per il trasporto di altre materie prime.

Ciascuna delle modalità elencate ha anche, oltre a differenze operative, significative disparità in termini di impatto ambientale (vedi Figura 42). I trasporti su ferrovia o via acqua sono i meno dannosi per l'ambiente (in termini di CO_2 emessa) rispetto al trasporto su strada. Il trasporto aereo (non presente in figura) apporta circa 1600 grammi di CO2 per t-km.

Sarebbe auspicabile, per ragioni ambientali, che in futuro maggiori quote di merci siano trasportate su mezzi più sostenibili come le condutture e le ferrovie. (McKinnon, Cullinane, Browne, & Whiteing, 2012, p. 128-132)

Merce/Modalità	Ferrovia	Acque interne	Navigazione marina a corto raggio
Aggregati			
Carbone			
Merci al dettaglio (non alimentari)			
Merci al dettaglio (alimentari deperibili)			
Container			
Automobili			
Pacchi			
Consegne a domicilio			
Rifiuti			
Olio e petrolio			
Acciaio / cascami metallici			
Prodotti forestali			

Flussi regolari: Flussi di prova/irregolari: Non idoneo:

Figura 41 - Valutazione di idoneità modale per differenti tipologie merceologiche (Fonte: McKinnon, Cullinane, Browne, & Whiteing, 2012, p. 129)

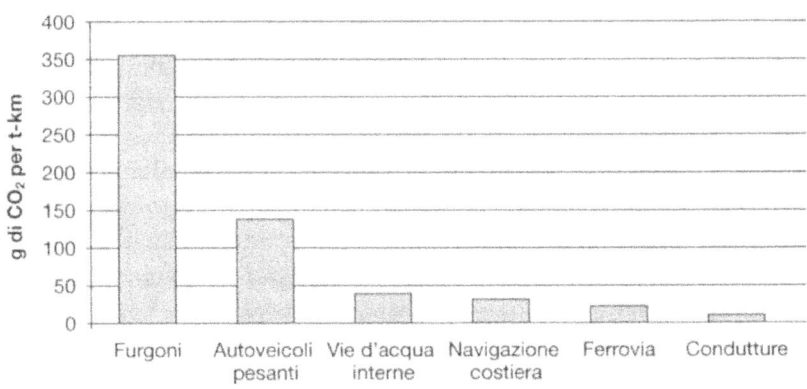

Figura 42 - Stima dei valori medi dell'intensità di CO_2 per le diverse modalità di trasporto (Fonte: McKinnon, Cullinane, Browne, & Whiteing, 2012, p. 131)

4.3.4 Impatto ambientale delle consegne via drone

I droni (o veicoli aerei senza equipaggio UAV), sono stati ampiamente impiegati in ambito militari per la sorveglianza. Nel corso degli ultimi anni queste tecnologie sono arrivate sul mercato a scopo ricreativo ma si è molto discusso dell'applicazione commerciale di questa tecnologia per la rapida consegna di piccoli oggetti su brevi distanze. Questo interesse è stato provocato in particolar modo da un annuncio di Amazon (vedi Appendice – Casi studio), che prevede di consegnare una parte dei suoi ordini via drone entro quattro o cinque anni. Gli impatti ambientali di questi apparecchi sono i seguenti:

- *Emissioni*: i droni sono alimentati a batteria e non emettono alcun gas inquinanti o ad effetto serra al punto di utilizzo. Se le batterie vengono ricaricate con elettricità generata da energia rinnovabile o nucleare, il livello di emissioni alla fonte di alimentazione è minimo. I droni, inoltre, possono essere dotati di pannelli solari per generare una parte della propria energia elettrica durante il viaggio. Sono stai sviluppati speciali pannelli solari molto sottili per droni che sono solo di 1 micron di spessore e hanno una elevata capacità di trasformare la luce solare in energia elettrica senza incidere sul peso complessivo del velivolo.

- *Rumore*: I rotori dei droni in fase di sperimentazione per le consegne pacchi sono poco rumorosi e, quando viaggiano a una buona altezza, sono quasi impercettibili da terra. Nel decollare e atterrare in gran numero, tuttavia, in prossimità di un deposito di distribuzione, i droni potrebbero creare problemi di inquinamento acustico. In ogni caso, un drone singolo sarà molto più silenzioso di un furgone con motore diesel.

- *Congestione*: I sostenitori dei droni spesso sostengono che essi libererebbero le il traffico dalle strade urbane alleviando la congestione. In realtà alcune stime calcolano che se droni dovessero assumersi la responsabilità di un quarto di tutte le consegne attualmente realizzate dai furgoni, questo sarebbe in grado di ridurre i livelli di traffico solo dell'1%.

- *Intrusione visiva*: molte persone potrebbero opporsi alla comparsa di un gran numero di droni tra edifici, spazi pubblici e in particolare nelle loro case e o nei giardini. Il problema intrusione visiva sarebbe particolarmente acuta in prossimità dei nodi chiave del sistema di distribuzione.

- *Gli incidenti*: il rischio medio di un incidente drone o di collisione per km percorso è molto bassa, ma se essi dovessero essere utilizzati intensivamente per le consegne l'incidenza degli infortuni potrebbe crescere considerevolmente. In qualità di "veicoli autonomi" il loro livello di rischio dipenderebbe l'integrità, la robustezza e l'interattività delle attrezzature di calcolo a bordo, così come la rete di comunicazione esterna. Questi sistemi potrebbero essere compromessi dal maltempo, guasti o dalla cibercriminalità. (McKinnon, Browne, Whiteing, & Piecyk, 2015, p. 397-402)

4.3.5 Food miles. Vicino è meglio?

Negli ultimi anni sono comparsi diversi manuali e studi che hanno analizzato la correlazione tra distanza e impatto ambientale delle merci alimentari.

Il rapporto *Wise Moves* del 2003 pubblicato dell'organizzazione ambientalista *Campaign for Better Transport*, per esempio, ha evidenziato alcune correlazioni tra viaggi più corti e emissioni inquinanti più basse ma ha messo in luce anche molte eccezioni dovute sia all'efficienza della produzione che alla logistica. Lo studio ha suggerito che un sistema alimentare a basso carbonio dovrebbe includere i seguenti elementi:

- I prodotti stagionali e locali producono minori volumi di trasporto e minori emissioni di CO_2 rispetto ai prodotti alimentari non locali e o importati poiché fuori stagione;
- Lo stabilimento di lavorazione deve essere gestito in modo efficiente;
- Uso minimo dell'immagazzinamento a temperatura controllata;
- Le risorse per i prodotti alimentari devono essere situate vicino al sito di produzione;
- La distanza dal punto di produzione al punto vendita e al punto di consumo deve essere ridotta al minimo;
- I veicoli della logistica devono essere efficienti e riempiti al massimo della loro capacità. (Garnett, 2003)

Un altro studio afferma ancora, per esempio, che durante la stagione delle mele nel Regno Unito, le mele locali sono a minore intensità di emissioni di gas serra rispetto a quelle importate. Tuttavia, durante la stagione estiva, la condizione di vantaggio ambientale si ribalta e la vicinanza della produzione non è più un fattore sufficiente. Prima che cominci la stagione delle mele nel Regno Unito, le mele importate dall'emisfero Sud hanno un vantaggio sulle mele inglesi dell'anno precedente, conservate mediante impianti di refrigerazione ad alto consumo energetico. (Milà i Canals, Cowell, Sim, & Basson, 2007)

È infine fondamentale considerare che la questione dei food miles non riguarda solo le emissioni dei gas serra ma anche il consumo idrico e l'uso di pesticidi. La regione di Almeria in Spagna, per esempio, oggi a causa dell'insostenibile produzione agricola, soffre di numerose carenze d'acqua, rendendo le zone destinate a diventare sempre più aride. (McKinnon, Cullinane, Browne, & Whiteing, 2012, p. 278)

4.4 Imballaggi sostenibili

L'imballaggio è una componente essenziale sia nel commercio tradizionale che in quello elettronico. Esso gioca un duplice ruolo: da un lato nella produzione, conservazione e distribuzione dei prodotti di consumo (*imballaggio di consumo* o consumer packaging); dall'altro nella protezione del prodotto durante le fasi di stoccaggio, movimentazione e trasporto (*imballaggio di trasporto* o *transport packaging*).

Alcune decine di anni fa la maggior parte dei prodotti alimentari era venduta sfusa. Gli alimenti venivano pesati assieme a della carta da avvolgere per essere riposti nella borsa della spesa che il consumatore portava con sé. Per i liquidi essi venivano dosati con dei misurini in latta e poi versati in un recipiente di vetro portata da casa direttamente del consumatore. (Boroni Grazioli, 2012, p. 1-20)

Nel 2014, secondo il Rapporto ISPRA sui rifiuti urbani del 2015, la produzione italiana dei rifiuti di imballaggio ha sfiorato le 11,9 milioni di tonnellate, mostrando un aumento di circa 388 mila tonnellate rispetto al 2013 (+3,4%) (vedi Figura 43). Di questi solo 9,2 milioni di tonnellate è avviata al riuso/riciclaggio o al recupero energetico (vedi Figura 45). (ISPRA, 2015)

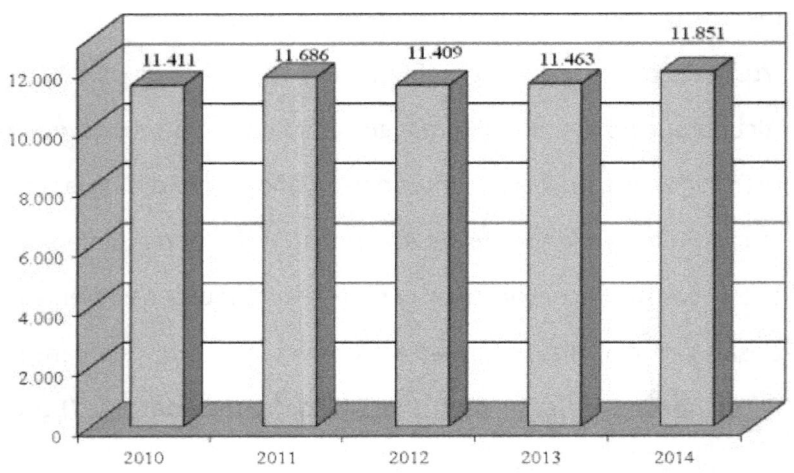

Figura 43 - Produzione di rifiuti di imballaggio italiani (in tonnellate) (Fonte: ISPRA, 2015)

Materiale	2010	2011	2012	2013	2014
Acciaio	504	486	440	423*	452
Alluminio	64	69	66	66*	63
Carta	4.338	4.436	4.255	4.171*	4.378
Legno	2.281	2.306	2.320	2.505*	2.578
Plastica	2.071	2.075	2.052	2.043	2.082
Vetro	2.153	2.314*	2.275*	2.255*	2.298
Totale	11.411	11.686	11.409	11.463	11.851

* dato aggiornato da CONAI e Consorzi
Fonte: CONAI e Consorzi di filiera

Figura 44 - Produzione dei rifiuti di imballaggio italiani suddivisi per materiale (in tonnellate) (Fonte: ISPRA, 2015)

Materiale	Riciclaggio					Recupero energetico					Totale recupero				
	2010	2011	2012	2013	2014	2010	2011	2012	2013	2014	2010	2011	2012	2013	2014
Acciaio	358	353	332	320	336	-	-	-	-	-	358	353	332	320	336
Alluminio	47	41	41	44	47	4	4	4	4	3	50	44	44	48	50
Carta	3.416	3.526	3.594	3.531	3.482	361	355	315	297	378	3.777	3.881	3.909	3.828	3.860
Legno	1.338	1.272	1.257	1.400*	1.539	73	84	72	73*	88	1.411	1.356	1.329	1.473*	1.626
Plastica	715	749	770	751*	790	744	663	704	753	927	1.459	1.412	1.474	1.504*	1.717
Vetro	1.471	1.570	1.568	1.596	1.615	-	-	-	-	-	1.471	1.570	1.568	1.596	1.615
Totale	7.345	7.511	7.562	7.642	7.808	1.182	1.106	1.095	1.127	1.396	8.526	8.616	8.656	8.769	9.204

* dato aggiornato da CONAI e Consorzi di filiera
Fonte: Elaborazione ISPRA su dati CONAI e Consorzi di filiera

Figura 45 - Quantità di rifiuti italiani destinati al riciclo e al recupero energetico (in tonnellate) (Fonte: ISPRA, 2015)

Il mercato degli imballaggi globale secondo la Pira International si è attestato a 812 miliardi di dollari nel 2014, con un incremento del 2,8% rispetto al 2013. La società di ricerche di mercato inglese Pira prevede inoltre una crescita annua del 3,5% all'anno fino al 2020, con un fatturato che potrebbe raggiungere i 997 miliardi di dollari entro il 2020. (Smithers Pira International, 2015)

Presso le aziende che hanno acquistato la merce imballata, lo smaltimento degli imballi rappresenta un costo aggiuntivo che avviene per ogni transazione. Da qui vi è stato un passaggio da un sistema basato sul paradigma *produrre-consumare-smaltire* verso un nuovo paradigma composto da *ridurre-riutilizzare-riciclare*. Le industrie manifatturiere quindi intravedono attraverso l'adozione di strategie sostenibili la possibilità di ridurre i costi ma anche di intercettare i consumatori che sempre più si aggregano al movimento green. Per le aziende che producono imballaggi questo orientamento ha significato guardare alla sostenibilità come un'opportunità ricercando imballaggi più rispettosi dell'ambiente, più leggeri, il più possibile monomaterici e infine riutilizzabili, riciclabili o compostabili (il cosiddetto *eco-friendly packaging design*).

Il ciclo di vita degli imballaggi ha così subito un'integrazione: riciclo e riutilizzo (vedi Figura 46). (Boroni Grazioli, 2012, p. 21-39)

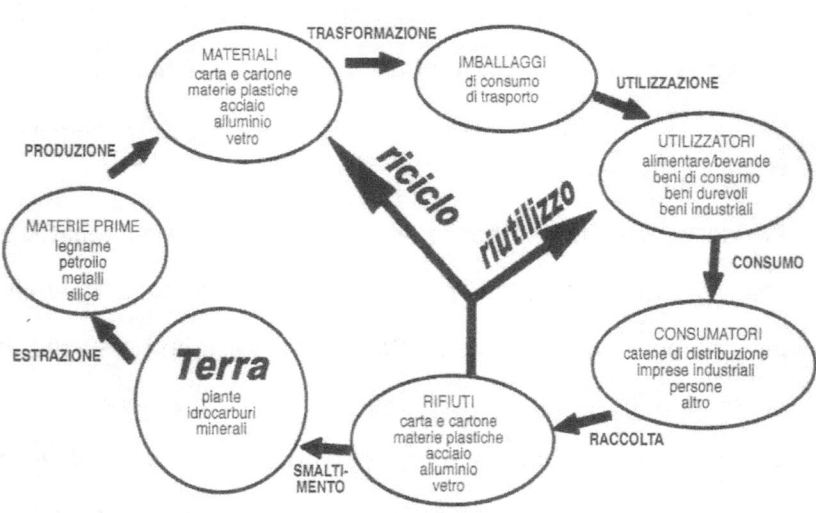

Figura 46 - Ciclo di vita dei materiali di imballaggio (Fonte: Boroni Grazioli, 2012, p. 24)

4.4.1 Life Cycle Assessment (LCA)

La valutazione della sostenibilità degli imballaggi è realizzabile attraverso *l'analisi del ciclo di vita*, meglio conosciuta come LCA (*Life Cycle Assessment*). La LCA è una metodologia definita come «un processo oggettivo di valutazione dei carichi ambientali connessi con un prodotto, processo o attività, condotto attraverso l'identificazione e la quantificazione dell'energia e dei materiali impiegati e dei rifiuti rilasciati nell'ambiente, per valutare l'impatto di questi usi di energia e materiali e rilasci nell'ambiente, e per vagliare e realizzare le opportunità di miglioramento ambientale. La valutazione include l'intero ciclo di vita del prodotto, processo o attività, includendo l'estrazione e il trattamento delle materie prime, la fabbricazione, il trasporto e la distribuzione, l'uso, il riuso, la manutenzione, il riciclo e lo smaltimento finale». (Boroni Grazioli, 2012, p. 32)

La LCA è una procedura standardizzata e regolamentata a livello internazionale dalle norme ISO della serie 14040. In base a queste norme ogni studio di valutazione del ciclo di vita prevede:

- La definizione degli obiettivi e del campo di analisi (ISO 14041);

- La compilazione di un inventario degli input e degli output di un determinato sistema (ISO 14042);
- La valutazione dell'impatto (ISO 14042);
- L'interpretazione dei risultati (ISO 14043). (Boroni Grazioli, 2012, p. 32-35)

Definizione degli obiettivi e dell'ambito applicativo
Gli obiettivi di una LCA devono stabilire quali siano le motivazioni che stanno alla base dello studio, l'applicazione prevista e la tipologia di utenti a cui è destinata la analisi. La definizione dell'ambito di applicazione consiste nell'individuare i confini geografici, temporali e il livello tecnologico.
Nella LCA non è il prodotto l'elemento fondamentale ma l'unità funzionale che permette il confronto tra sistemi differenti ma funzionalmente uguali. Ad esempio, se lo scopo dell'analisi è il confronto dell'impatto ambientale tra dei bancali in legno e quelli in plastica, l'unità funzionale può essere riferita a un milione di unità di carico. (Boroni Grazioli, 2012, p. 32-35)

Analisi dell'inventario

Questa fase comprende la raccolta dei dati e la loro elaborazione, consentendo di quantificare i flussi in entrata e in uscita dal sistema prendendo in considerazione l'intera vita del prodotto. Le categorie secondo le quali vengono organizzati i dati possono riguardare: i consumi di materie prime, i consumi di acqua, i consumi energetici, le emissioni atmosferiche, le emissioni idriche, i rifiuti, i rischi e la sicurezza. (Boroni Grazioli, 2012, p. 32-35)

Valutazione dell'impatto ambientale

L'analisi degli impatti ha lo scopo di evidenziare l'entità delle modificazioni ambientali che si generano a seguito delle emissioni o dei rifiuti rilasciati nell'ambiente provocati dal sistema in oggetto.

Gli indicatori che si possono utilizzare sono:
- L'effetto serra;
- L'assottigliamento dello strato di ozono;
- Il consumo di risorse non rinnovabili;
- Acidificazione, eutrofizzazione e erosione del suolo;
- Impoverimento di risorse idriche;

- Danni al paesaggio;
- Danni alla salute umana;
- Danni alla biodiversità. (Boroni Grazioli, 2012, p. 32-35)

Interpretazione dei risultati

Questa fase consiste nell'interpretazione dei risultati delle fasi di inventario e valutazione degli impatti e nella redazione di conclusioni e di raccomandazioni per migliorare le performance ambientali, mettendo in luce gli ambiti su cui di potrebbe intervenire. (Boroni Grazioli, 2012, p. 32-35)

4.4.2 Classificazione degli imballaggi

L'imballaggio deve poter svolgere funzioni differenti in base all'uso che ne viene fatto. Per questa ragione si è soliti distinguere quattro categorie di imballaggi:

1. *Imballaggio primario* (o primary packaging): è la confezione di vendita, concepita per costituire un'unità di vendita.

    In questo caso la confezione deve:

    - attirare l'attenzione;

- essere distinguibile dalle altre presenti sullo scaffale;
- convincere il consumatore ad acquistare il prodotto e non quello del concorrente.
2. *Imballaggio secondario* (o secondary packaging): è un imballaggio concepito in modo da costituire il raggruppamento di un certo numero di confezioni.
3. *Imballaggio terziario* (o tertiary packaging): è un imballo concepito per proteggere la merce dai potenziali danni derivanti dalle operazioni di movimentazione, stoccaggio e trasporto. Il più comune esempio di imballaggio terziario è il bancale, una piccola piattaforma su sulla quale vengono posti i colli di spedizione stabilizzati con film estensibile o reggette di plastica.
4. *Imballaggio quaternario* (o quaternary packaging): è in genere un container metallico utilizzato nel commercio internazionale. Alcuni container sono a temperatura, umidità e atmosfera controllata per il trasporto di alimenti deperibili. (Boroni Grazioli, 2012, p. 6-9)

4.4.3 Cambiamenti indotti dall'e-commerce agli imballaggi

Con la diffusione dell'e-commerce e il relativo incremento delle spedizioni dei prodotti a domicilio, si è creato un nuovo canale di distribuzione che presenta nuove implicazioni al packaging.

La funzione tradizionale della confezione di vendita nell'e-commerce si può dire che perde significato. Il consumatore infatti viene informato sulla composizione del prodotto nel momento in cui acquista online e può fare a meno di ulteriori messaggi persuasivi trasmessi attraverso la confezione. Viceversa acquista molta importanza la cura e la protezione di cui i prodotti godono durante la spedizione.

Quel che sta avvenendo con il commercio elettronico è una frammentazione delle spedizioni. Per gli imballaggi vi è quindi la necessità di disporre della massima flessibilità nel confezionamento di prodotti diversi per ogni singola spedizione. Inoltre, visto che spesso nell'e-commerce sopravvive anche la confezione da scaffale all'interno dell'imballaggio di trasporto, è facile pensare che si hanno più costi di smaltimento per la presenza di entrambi i packaging. (Boroni Grazioli, 2012, p. 17-18)

4.4.4 Eco-friendly packaging design

La maggior parte degli imballaggi è progettata per essere smaltita subito dopo il singolo utilizzo. Questa pratica, oltre ad essere dispendiosa in termini di energia e di risorse, contribuisce all'aumento del volume dei rifiuti[21].

In una prospettiva di eco-friendly packaging design la finalità del designer di imballaggi dovrebbe essere quella di minimizzare l'impatto ambientale attraverso:

- La scelta dei materiali;
- La minimizzazione dei rifiuti evitando imballaggi inutili e riducendo l'uso dei materiali;
- La progettazione per il riutilizzo, il riciclo e la biodegradabilità. (Lewis, Gertsakis, Grant, Morelli, & Sweatman, 2001, p. 129-152)

---

[21] Il percolato delle discariche può contenere metalli pesanti e sostanze tossiche che possono potenzialmente inquinare le falde acquifere o le acque superficiali. Anche le sostanze organiche, apparentemente più innocue, se non correttamente trattate disperdono metano nell'aria contribuendo all'effetto serra.

Selezione dei materiali

La scelta dei materiali da utilizzare per realizzare gli imballaggi ha ripercussioni sull'ambiente in ogni fase del ciclo di vita dello stesso.

Il designer deve ponderare gli impatti ambientali con i requisiti funzionali, senza dimenticare le problematiche di costo, di fabbricazione e di accettabilità del mercato.

Argilla, foglie di banana e rafia sono state in passato ispiratrici di soluzioni percorribili dai progettisti, ma sono risultate certamente poco adatte al mercato di massa. Fa eccezione il Giappone che non rinnega l'uso di paglia, gusci di molluschi, bambù e legname per imballaggi raffinati.

Tra i materiali di imballaggio più comuni troviamo:

- Carta;
- Cartone;
- Vetro;
- Acciaio e alluminio;
- Plastica;
- Materiali compositi.

Attualmente nessuno di questi materiali è definibile come "ideale" in un'ottica ambientale, tutti presentano vantaggi e svantaggi, ciascuno, in base all'indicatore ambientale analizzato si comporta in modo diverso. (Lewis, Gertsakis, Grant, Morelli, & Sweatman, 2001, p. 129-152)

Il Tellus Insitute di Boston ha condotto uno studio sul ciclo di vita di imballaggi in vetro, alluminio, acciaio, cinque tipi di carta e sei tipi di plastica. Per ciascun materiale è stata effettuata una comparazione tra l'inquinamento atmosferico e quello idrico connesso al processo di produzione, i costi monetari della gestione dei rifiuti, la qualità dell'acqua e dell'aria risultanti del processo di gestione dei rifiuti. Le conclusioni di questo studio forniscono un importante spunto di riflessione per i progettisti di imballaggi:

- Per tutti I casi in cui erano disponibili dati per materiali riciclati e materiali vergini, la produzione da materiali riciclati ha dimostrato di avere impatti minori sull'ambiente;
- Il PVC è risultato essere il materiale col peggior impatto sull'ambiente;
- Lo studio ha poi confrontato gli impatti di ciascun imballaggio (eccetto il PVC) e ha rilevato che le confezioni più leggere erano sempre meno dannose per l'ambiente. (Tellus Institute, 1992)

Minimizzazione dei rifiuti

Per ridurre i rifiuti da imballaggi possono essere adottate le seguenti strategie:

- Evitare i componenti non necessari;
- Alleggerire l'imballaggio;
- Progettare l'imballaggio per il suo riutilizzo, riciclo e per la biodegradabilità.

Le opportunità di ridurre gli imballaggi dipendono dalle esigenze specifiche del prodotto relative alle proprietà di contenimento, protezione, trasporto e commercializzazione.

Maggiori opportunità di interventi si hanno negli imballaggi secondari. Gli astucci dei dentifrici, per esempio, sono stati praticamente eliminati in alcuni paesi, tra cui la Germania. In Italia, in assenza di queste disposizioni, oltre ai dentifrici, non è difficile trovare confezioni in cartone che contengono i sottovuoti alimentari.

Alleggerire gli imballaggi è possibile, con scelte metodiche e con il progresso tecnologico. (Lewis, Gertsakis, Grant, Morelli, & Sweatman, 2001, p. 129-152) Le bottiglie in plastica dell'azienda San Benedetto, per esempio, hanno registrato una riduzione del PET del -13%, -16% e -7,4% sulle bottiglie da 1,5L,

1L e 2L utilizzando per questi packaging dal 30% al 50% di plastica riciclata. (San Benedetto SpA, 2016)

Progettazione per il riutilizzo, il riciclo e la biodegradabilità
Il riutilizzo non è necessariamente migliore dei prodotti monouso. Le bottiglie riutilizzabili, per esempio, tendono ad essere più pesanti di quelle monouso e quindi consumano maggiori quantità di materie prime per la fabbricazione e più energia per il trasporto. Il processo di lavaggio spesso richiede l'uso di acqua calda e di detergenti.
I programmi che incoraggiano i consumatori a utilizzare contenitori ricaricabili dovrebbero garantire che quest'azione avvenga durante un normale viaggio per la spesa e non per un viaggio specifico. (Lewis, Gertsakis, Grant, Morelli, & Sweatman, 2001, p. 129-152)
Gli imballaggi per il trasporto invece si prestano con più sicurezza al riutilizzo e possono produrre vantaggi economici e aziendali. Uno studio ha confrontato la quantità di materiale utilizzato per milioni di spedizioni e ha riscontrato che una scatola di plastica riutilizzabile genera il 98,5% di rifiuti in meno rispetto alle scatole monouso in cartone ondulato (sebbene questo stu-

dio non hanno preso in considerazione il riciclo). (Saphire, 1994, p. 5)

La maggior parte degli imballaggi monomateriale è tecnicamente riciclabile. Vetro, carta, cartone, alluminio, acciaio, PET e HDPE hanno un alto tasso di riciclo. Altre plastiche come il polistirolo (PS), il polipropilene (PP), il polistirolo espanso (EPS) e il polietilene a bassa densità (LDPE) sono tecnicamente riciclabili ma l'operazione è più complessa poiché i volumi nel flusso dei rifiuti domestici è minore e risulta sconveniente le raccolta e la suddivisione, oltre alla presenza di alti livelli di contaminazione in particolare negli imballaggi per alimenti. (Lewis, Gertsakis, Grant, Morelli, & Sweatman, 2001, p. 129-152)

Negli ultimi anni hanno preso piede le bioplastiche, ovvero un tipo di plastica che deriva da materie prime di origine vegetale e facilmente biodegradabili. La spinta è stata possibile anche dalla normativa europea (direttiva 2015/720/UE) e nel nostro ordinamento con l'entrata in vigore dell'art. 11, comma 2-bis, del decreto-legge 91/2014, che ha dato il via, a partire dal 21 agosto 2014 (data di entrata in vigore della legge n. 116/2014, di conversione del D.L. 91), all'applicazione di sanzioni per la commercializzazione:

- di sacchi per l'asporto merci (shoppers) monouso realizzati con polimeri non conformi alla norma tecnica armonizzata UNI EN 13432:2002;
- di shoppers riutilizzabili non conformi alle caratteristiche di spessore e di presenza di materiale riciclato fissate dal decreto interministeriale 18 marzo 2013. (Camera dei Deputati, 2016)

5. Usabilità e accessibilità della rete

> Gran parte della tecnologia moderna sembra fine a se stessa, dimentica dei bisogni e degli interessi della gente che le sta intorno, gente che dopo tutto dovrebbe essere la ragione della sua esistenza.
>
> Donald Arthur Norman, psicologo e informatico statunitense, professore emerito al Massachusetts Institute of Technology.

5.1 Introduzione

Pensare a un mondo digitale più sostenibile contiene anche delle misure sociali, non solamente ambientali. In questo capitolo tratteremo quindi temi quali l'usabilità, l'ergonomia e la user experience (o UX) in qualità di strumenti che riducono la complessità del mondo contemporaneo, delle pagine Web, dei dispositivi elettronici e dell'interazione tra uomo-macchina.

In un'epoca in cui tutto diventa digitale ed elettronico, progettare con un orientamento verso l'utente diventa fondamentale e significa realizzare dei contenuti multimediali e dei dispositivi fruibili, da chiunque e con facilità, anche da chi purtroppo, per esempio, soffre di deficit visivi o motorii.

In coda a questo capitolo, partendo dal caso italiano, alcune osservazioni sul diritto universale di accesso alla rete.

5.2 L'ergonomia

L'International Ergonomics Association definisce l'ergonomia come «la disciplina scientifica che studia l'interazione tra gli individui e gli altri elementi di un sistema nello svolgimento di una determinata attività. Obiettivo dell'ergonomia è accrescere il benessere dell'uomo e la performance complessiva del sistema attraverso l'ottimizzazione della compatibilità uomo-sistema. L'esame progettuale dell'interazione uomo-sistema include fattori fisici, cognitivi, sociali, organizzativi e ambientali». (Tosi, 2013, p. 24)

L'obiettivo dell'ergonomia è quindi la progettazione e la realizzazione di oggetti e di ambienti adatti all'uso umano e adeguati all'impiego per il quale sono destinati (vedi Figura 47).

OBIETTIVI DELL'ERGONOMIA	
Obiettivi operativi di base	Ridurre gli errori
	Aumentare la sicurezza
	Incrementare la prestazione del sistema
Obiettivi relativi all'affidabilità, alla durabilità e all'utilità dei sistemi	Aumentare l'affidabilità
	Migliorare la durabilità
	Ridurre le richieste agli operatori
	Ridurre la necessità di traning
Obiettivi relativi agli utenti e agli operatori	Migliorare l'ambiente di lavoro
	Ridurre la fatica e lo stress fisico
	Aumentare il comfort
	Ridurre la noia e la monotonia
	Aumentare la facilità d'uso
	Aumentare l'accettabilità (per gli utenti)
	Aumentare la gradevolezza estetica
Altri obiettivi	Ridurre gli sprechi di tempo e di risorse
	Incrementare l'economia di produzione

Figura 47 - Gli obiettivi dell'ergonomia (Rielaborazione da: Tosi, 2013, p. 45)

5.2.1 User-Centered Design e User Experience

Lo User-Centered Design (abbreviato con UCD) descrive un approccio alla progettazione finalizzato alla qualità dell'interazione tra l'utente e il prodotto finale basato sulla raccolta e la elaborazione delle informazioni per la comprensione delle esigenze dell'utente in rapporto alla realtà d'uso del prodotto. Ma l'UCD non rappresenta soltanto le tecniche e i metodi per la progettazione di prodotti e sistemi usabili, l'UCD è una vera e propria filosofia che pone l'utente al centro del processo di ideazione e realizzazione dei prodotti. (Tosi, 2013, p. 46-49)
Rubin e Chisnell (2008) affermano che gli obiettivi dell'UCD sono sintetizzabili in tre principi base:

1. *Capacità di focalizzare immediatamente l'attenzione sull'utente e sul compito.*

    È necessario identificare e categorizzare l'utente (reale o potenziale) utilizzando un approccio sistematico e strutturato alla raccolta delle informazioni da e sull'utenza.

    I criteri di selezione dell'utenza e le modalità di raccolta dei dati rappresentano l'aspetto centrale e più delicato per le verifiche di usabilità.

2. *Misurazione empirica delle modalità d'uso del prodotto.* La misurazione del comportamento degli utenti e, in particolare, la misurazione della facilità di apprendimento e d'uso dei prodotti.
3. *Progettazione iterative attraverso la quale il prodotto è ciclicamente progettato, modificato e testato.* I feedback dell'utenza sono indispensabili durante tutto il ciclo di vita del prodotto. Un progetto che viene sottoposto periodicamente a valutazione permette di realizzare prodotti realmente utili, facilmente impiegabili e usabili.
(Rubin & Chisnell, 2008, p. 12-14)

Il concetto di UCD ci accompagna a quello dell'esperienza dell'utente ovvero alla *User Experience* (UX), definita anche nello standard ISO 9241-210. La UX è la sommatoria delle emozioni, delle percezioni e delle reazioni che una persona prova quando entra in contatto con un prodotto (fisico o digitale), un servizio o un'azienda. L'approccio della UX è fortemente interdisciplinare (vedi Figura 48) ed ha come obiettivo quello di dar vita a prodotti belli, piacevoli ma anche ergonomici e funzionali. La sinergia fra le molte discipline che coinvolgono la UX assicurano un alto grado di soddisfazione da parte dell'utente.

La UX, in questo senso, può essere applicata a qualsiasi campo che preveda uno scambio di comunicazioni tra prodotti, servizi e persone. (Pasquini & Giomi, 2014)

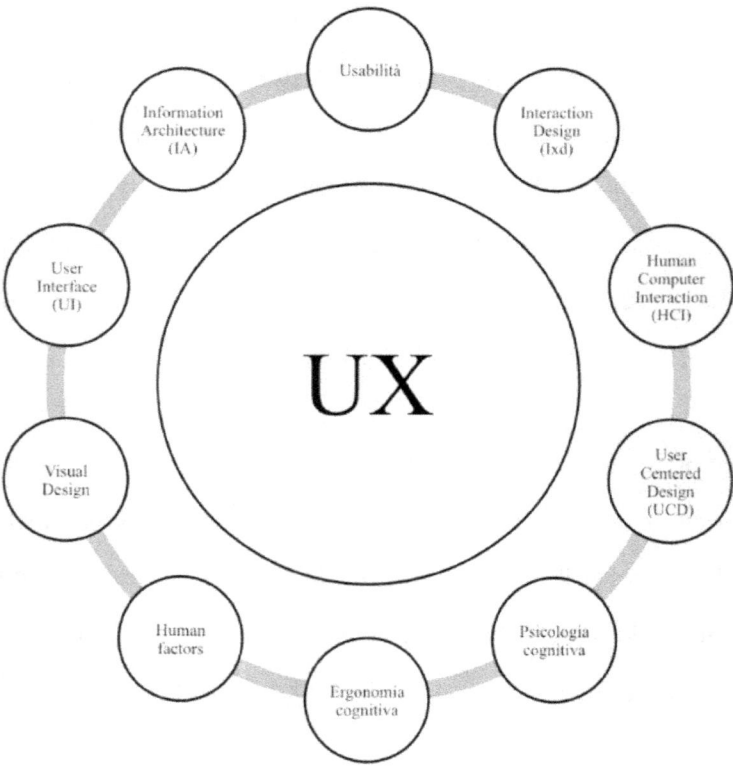

Figura 48 - L'approccio interdisciplinare della User Experience (Fonte: Pasquini & Giomi, 2014, p. 24)

5.2.2 Le caratteristiche degli utenti, progettare per la variabilità umana

Ambienti, oggetti e sistemi devono essere adatti alle caratteristiche psico-fisiche di ogni singolo individuo. L'ergonomia tuttavia riconosce che gli aspetti che caratterizzano i singoli individui possono essere razionalizzati e studiati in quanto molti di essi sono comuni a tutti gli uomini, altri ad ampie fasce di popolazione e altri, infine, realmente legati alle individualità del singolo. (Badini Buti, 2008, p. 91-92)

Le caratteristiche degli individui possono quindi suddivise in:

- *Caratteristiche comuni a tutta l'umanità* sono quelle che distinguono gli esseri umani da altre specie viventi comunemente definite come "caratteristiche e capacità di base". Appartengono a questa categoria la capacità di percepire visivamente gli oggetti (di percepire, in particolare, lunghezze d'onda comprese tra gli 0,380 e gli 0,780 micron) o la capacità di udire frequenze comprese tra i 16 e i 20000 Hz.

- *Caratteristiche appartenenti a grandi fasce di popolazione* sono per esempio gli aspetti legati all'età anagrafi-

ca, all'appartenenza geografica o ad abilità molto diffuse.
- *Caratteristiche appartenenti a segmenti di utenza precisamente identificati.* Ci si riferisce in questo caso a caratteristiche e capacità comuni a un determinato gruppo di individui. Ad esempio le caratteristiche di peso e di altezza per particolari categorie di sportivi.
- *Caratteristiche specificatamente individuali* che possono essere di tipo fisico, percettivo, cognitivo, culturale, generazionale e connotano l'individuo in quanto tale. (Tosi, 2013, p. 55)

Il risultato è che i prodotti possono essere classificati in base alle caratteristiche dei gruppi appena citati e quindi alle capacità fisiche e/o sensoriali. Troveremo quindi:
- *Prodotti barrier-free* ovvero prodotti utilizzabili da chiunque, inclusi i disabili, gli anziani e i bambini.
- *Prodotti per l'utente medio (everage products)* utilizzabili dalla popolazione con caratteristiche medie. Appartengono a questa categoria i prodotti che non tengono conto di eventuali necessità per via di limitazioni fisiche o psico-percettive dei potenziali utilizzatori.

- *Prodotti speciali,* sono rivolti a persone con particolari abilità o inabilità (ausili per sport agonistici o per disabili). (Tosi, 2013, p. 66-68)

5.2.3 Accessibilità del web

Il termine *usabilità* nel design multimediale viene spesso confuso con quello di *accessibilità*. In realtà, l'accessibilità è un termine proprio dell'architettura che identifica la caratteristica di un edificio di essere fruibile anche da persone con ridotte capacità sensoriali, motorie (si pensi all'accessibilità degli edifici e alle barriere architettoniche) o psichiche.

In ambito web sarebbe importante rendere le risorse fruibili anche per chi, purtroppo, soffre di questi deficit. Le risorse digitali vanno quindi predisposte per l'interpretazione da parte delle tecnologie assistive attualmente disponibili (come gli *screen-reader* o i browser vocali) e attraverso accorgimenti specifici (come le combinazioni di tasti di accesso rapido o il testo alternativo sui contributi grafici delle pagine web).

In Italia la materia è oggetto di legislazione dedicata. La legge Stanca (Legge 4 del 9 Gennaio 2004), che impone prescrizioni ministeriali abbastanza stringenti per i siti della Pubblica Amministrazione mentre, a livello internazionale, il W3C ha pubblicato raccomandazioni ufficiali per definire procedure e normative sull'accessibilità.

Dal punto di vista legislativo e tecnico, quindi, è obbligatorio seguire le disposizioni in caso di siti di interesse pubblico. In tutte le altre tipologie di website, la versione accessibile, pur non essendo obbligatoria rappresenta la strada da percorrere per una forma di rispetto digitale. (Pasquini & Giomi, 2014, p. 365)

5.3 Usabilità

L'usabilità è la condizione con la quale un prodotto può essere utilizzato da specifici utilizzatori per raggiungere specifici obiettivi con efficacia, efficienza e soddisfazione in uno specifico ambiente fisico e sociale.

In questo contesto indichiamo con:
- *Utilizzatore:* la persona che interagisce con il prodotto,
- *Obiettivo:* il risultato atteso,
- *Efficacia:* l'accuratezza e la completezza con la quale gli utilizzatori raggiungono specifici obiettivi,

- *Efficienza:* le risorse spese in relazione all'accuratezza e alla completezza con la quale gli utilizzatori raggiungono l'efficacia;
- *Soddisfazione:* libertà dal discomfort e attitudine all'uso del prodotto. (ISO 9241-11, 1998)

L'usabilità è quindi quella branca dell'ergonomia che studia come ridurre al minimo lo sforzo cognitivo dell'utente nell'interazione con le macchine, producendo manufatti che siano facili da comprendere e utilizzare.

Un sistema dovrebbe quindi rispondere ai requisiti di:

- *Utilità*: Rappresenta in quale misura un prodotto permette all'utente di raggiungere i suoi obiettivi. Anche se un sistema è facile da utilizzare ma non risponde alle esigenze dell'utente, questo non verrà utilizzato. Si parla di utilità percepita ed utilità effettiva per indicare la capacità autoesplicativa che il prodotto possiede nel far riconoscere all'utente la sua utilità[22].
- *Facilità d'uso*: è il raggiungimento di livelli accettabili nell'esecuzione di compiti definiti da parte di una determinata utenza in un determinato ambiente.

---

[22] Prodotti come un martello mostrano immediatamente la loro potenziale utilità, non altrettanto si può dire di molti prodotti informatici.

- *Apprendibiltà*: La facilità con cui i nuovi clienti possono dare vita a una interazione efficace e raggiungere le massime prestazioni entro tempi accettabili.
- *Flessibilità*: Il prodotto dovrebbe essere in grado di soddisfare una vasta gamma di utenti e quindi essere in grado di gestire diversi compiti oltre ai principali.
- *Corrispondenza del compito*: la corrispondenza tra le funzioni offerte dal prodotto e i bisogni dell'utente. (Badini Buti, 2008, p. 128-130)

5.3.1 Le regole d'oro e le euristiche

Molti sostenitori del design centrato sull'utente hanno presentato delle serie di regole che, pur non essendo applicabili a tutte le situazioni, forniscono una utile lista di controllo, una sorta di vademecum per la progettazione.

Le otto regole d'oro di Shneiderman per il design delle interfacce

1. *Preservare la coerenza* in sequenze di azioni, format, terminologia, uso dei comandi ecc.;

2. *Consentire agli utenti abituali di usare comandi rapidi*, come abbreviazioni, speciali sequenze di tasti e macro, per eseguire più velocemente le azioni consuete;
3. *Offrire un feedback informativo* per ogni azione dell'utente, a un livello adatto all'estensione dell'azione;
4. *Progettare dialoghi provvisti di chiusura* in modo che l'utente sappia quando ha completato un compito;
5. *Offrire una prevenzione e una gestione semplice degli errori* in modo che, in teoria, si impedisca agli utenti di commettere errori e, se li fanno, si offrano loro istruzioni chiare per correggerli;
6. *Permettere un'inversione semplice delle azioni* per tranquillizzare l'utente e incoraggiarlo all'esplorazione, perché sa di poter tornare allo stato precedente;
7. *Supportare il controllo interno* in modo che sia l'utente a controllare il sistema, che risponde alle sue azioni;
8. *Ridurre il carico della memoria a breve termine* mantenendo semplici le visualizzazioni, sfruttando le visualizzazioni multipagina e fornendo all'utente il tempo necessario per imparare la sequenza delle azioni. (Dix, Finlay, Abowd, & Beale, 2004, p. 277-279)

I sette principi di Norman per semplificare i compiti difficili

1. *Bisogna usare sia la conoscenza presente nel mondo sia la conoscenza mentale.* I sistemi devono fornire la conoscenza necessaria all'interno dell'ambiente e il loro funzionamento deve risultare trasparente supportando l'utente nella creazione di un adeguato modello mentale di ciò che sta accadendo.

2. *Si deve semplificare la struttura dei compiti.* Esistono molti modi per semplificare la struttura dei compiti:
   - fornendo all'utente dei supporti mentali affinché possa tener traccia delle fasi di un compito complicato;
   - fornire feedback migliori e più informazioni possibili;
   - automatizzare un compito o parte di esso;
   - cambiare la natura del compito.

3. *Si rendano le cose visibili.* L'interfaccia deve mostrare ciò che il sistema può fare e come può farlo, permettendo all'utente di vedere l'effetto delle sue azioni.

4. *Le corrispondenze vanno chiarite.* La forma dei controlli, dei cursori e delle rotelle dovrebbe riflettere il loro effetto.

5. *Si sfrutti il potere dei vincoli, sia naturai che artificiali.* I vincoli sono elementi che ci consentono di eseguire solo

l'azione corretta nel modo corretto (per esempio in un puzzle dove i pezzi si incastrano in un solo modo). I vincoli fisici del design devono guidare l'utente al completamento del compito.
6. *Progettare il sistema prevedendo gli errori possibili.* Anticipare gli errori che l'utente può commettere e progettare il sistema per il recupero dello stesso.
7. *Quando tutto il resto non ha successo, si creino degli standard.* Se non esistono corrispondenze naturali, quelle arbitrarie dovrebbero essere standardizzate, in modo che gli utenti debbano impararle una sola volta. (Norman, 2013)

Le dieci regole di Nielsen per la valutazione euristica

La valutazione euristica sviluppata da Jakob Nielsen è un metodo utile per strutturare la critica a un sistema usando una serie di euristiche ovvero dei principi generali che possono guidare a una decisione di progettazione.

Ogni valutatore esamina il sistema e prende nota delle violazioni delle euristiche che indicherebbero un potenziale problema di usabilità.

Queste caratteristiche possono essere riunite in una valutazione complessiva su una scala da 0 a 4, in cui:

- 0 = Non sono d'accordo che questo sia un problema di usabilità;
- 1 = È solo un problema accessorio, non deve essere risolto a meno che nel progetto non sia disponibile del tempo extra;
- 2 = Problema di usabilità secondario: alla sua risoluzione bisognerebbe dare bassa priorità;
- 3 = Problema di usabilità rilevante: è importante risolverlo, bisognerebbe dare alta priorità;
- 4 = Catastrofe di usabilità: è imperative risolverlo prima che il prodotto sia rilasciato.

Le dieci euristiche di Nielsen sono:

1. *Visibilità dello stato del sistema*. È necessario tenere sempre informati gli utenti su quello che sta accadendo attraverso un feedback appropriato e fornito in un tempo ragionevole.

2. *Corrispondenza tra il mondo reale e il sistema.* Il sistema deve usare il linguaggio dell'utente (quindi parole, frasi e concetti familiari), non termini orientati al sistema.
3. *Libertà e controllo da parte degli utenti.* Realizzare un supporto di funzioni di annullamento e replica.
4. *Coerenza e standard.* Gli utenti non dovrebbero chiedersi se le parole, le situazioni o le azioni hanno lo stesso significato in contesti diversi; bisogna quindi seguire le convenzioni della piattaforma e gli standard accettati.
5. *Prevenzione degli errori.* È necessario rendere difficile sbagliare, evitando di concentrarsi sui messaggi di errore esplicativi ma piuttosto prevederli.
6. *Riconoscere più che ricordare.* Si devono rendere visibili gli oggetti, le azioni e le opzioni. L'utente non deve essere costretto a ricordare le informazioni passando da una parte del dialogo all'altra.
7. *Flessibilità ed efficienza d'uso.* Si deve consentire agli utenti di personalizzare le azioni frequenti con tasti di scelta rapida.
8. *Design minimalista ed estetico.* I dialoghi non devono contenere informazioni irrilevanti o raramente necessarie.

9. *Fornire agli utenti i mezzi per riconoscere gli errori, diagnosticarli e correggerli.* I messaggi d'errore dovrebbero essere espresso in un linguaggio semplice e devono suggerire soluzioni al problema.
10. *Guida e documentazione.* È necessario fornire sempre una guida e una documentazione appropriate in cui le informazioni siano facili da cercare e utilizzare.

Una volta che ogni valutatore ha completato il proprio esame separatamente, tutti i problemi vengono riuniti e calcolata la media delle valutazioni determinando i problemi più importanti che richiedono intervento urgente. (Dix, Finlay, Abowd, & Beale, 2004, p. 291-293)

5.4 Web usability

L'usabilità è chiaramente un concetto che non va associato esclusivamente ad oggetti fisici ma anche ai prodotti digitali come software e siti web. Si dice che «un sito web è usabile quando soddisfa i bisogni informativi dell'utente che lo sta visitando e interrogando, fornendogli facilità di accesso e di navigabilità e consentendo un adeguato livello di comprensione dei contenuti. Nel caso non sia disponibile tutta l'informazione, un buon sito demanda ad altre fonti informative.» (Visciola, 2006, p. 39)

La progettazione e il design di un sito web devono poggiare su quattro requisiti:

1. *Navigabilità.* Cercare informazioni in una struttura a ipertesti può essere un'operazione complessa, soprattutto se progettata con poca cura. Le persone sono differenti fra loro e possono associare alle parole dei link concetti differenti da quelli pensati durante la progettazione.
2. *Utilità attesa e completezza dei contenuti.* La disponibilità nel sito di informazioni e servizi completi, che corrispondono alle aspettative degli utenti.
3. *Comprensibilità delle informazioni ed efficacia comunicativa.* La forma e la qualità con cui l'informazione e i contenuti vengono presentati nel sito.
4. *Attrattività grafica:* la qualità grafica e la piacevolezza del sito. La grafica non deve compromettere la fruizione dei contenuti. (Visciola, 2006, p. 39-43)

5.4.1 Il comportamento dell'utente nel Web

Diversi studi sono stati compiuti sul comportamento degli utenti mentre navigano nel web. Tra le rassegne più interessanti vi sono senz'altro quelle contenute all'interno del libro *Don't make me think* di Steve Krug e *Web Usability 2.0. L'usabilità che conta* di Jacob Nielsen e Hoa Loranger.
Krug ha osservato che gli utenti non leggono l'intero contenuto delle pagine web ma, piuttosto, le "scorrono" rapidamente, alla ricerca di parole o frasi che catturino le loro attenzione in base alle esigenze del momento. Questo comportamento si accosta bene anche a quella che Krug definisce come prima regola dell'usabilità web: *non costringetemi a pensare.* L'utente nel web, infatti, non compie scelte ottimali ma solo soddisfacenti e per diverse:

- Puntare al meglio è difficile e può richiedere molto tempo, accontentarsi dei requisiti minimi è più che efficiente;
- Se effettuiamo una scelta sbagliata cliccando nel web non si ha molto da perdere.

Di fronte a una tecnologia di qualsiasi tipo quasi nessuno si preoccupa di leggere il manuale di istruzioni o di capire come funziona: si cerca solo di ottenere il risultato.

Nel momento in cui abbiamo trovato qualcosa che funziona, non cerchiamo soluzioni migliori per risolvere i nostri problemi.

(Krug, 2014, p. 21-27)

Dalle ricerche condotte di Nielsen e Loranger sono emersi moltissimi dati circa la navigazione degli utenti nel web e sull'usabilità. Qui, per motivi di spazio, ne riporteremo solo alcuni.

Nei test di usabilità tradizionali, questi sono svolti su singoli siti e i soggetti sanno quale sito visitare per svolgere i compiti assegnati. Diversi sono i test "a tutto web", perché il soggetto può scegliere qualsiasi sito web per raggiungere l'obiettivo per svolgere un compito preciso, come per esempio: "Vuoi comprare casa e hai bisogno di un mutuo. Trova la banca o la finanziaria con le condizioni migliori".

In quest'ultima modalità:

- In media i soggetti spendevano un minuto e 49 secondi nella visita di un sito prima di abbandonarlo e provarne un altro. Sull'ultimo sito visitato, ovvero quello in cui si sceglieva di eseguire il compito, 3 minuti e 49 secondi.

- Per svolgere un compito i soggetti visitavano in media 3.2 siti (oltre al motore di ricerca).
- Il numero medio di visite ripetute a uno stesso sito nello svolgimento di un compito è di 0.4. Un sito ha quindi solo il 12% di probabilità di essere visitato una seconda volta se l'utente lo ha abbandonato.
- I soggetti, nel 40% dei casi, iniziavano la navigazione dalla homepage. Spesso gli utenti, anche se atterrati in una pagina interna, visitavano la homepage per valutare il sito.
- Gli utenti neofiti permangono in media 35 secondi sulla homepage, gli esperti 25 secondi. Questo tempo diminuisce nelle visite successive alla prima, a mano a mano che gli utenti familiarizzano con la pagina.
- Gli utenti neofiti permangono in media 60 secondi su una pagina interna a un sito, gli esperti 45 secondi. Un soggetto, in questo tempo, riesce a leggere circa 200 parole (escludendo il fatto che parte del tempo viene dedicata all'esame del sistema di navigazione). (Nielsen & Loranger, 2010, p. 28-37)

- I motori di ricerca, interrogati da query, presentano delle pagine di risultati (dette SERP). Nelle ricerche di Nielsen e Loranger, nel 93% dei casi, gli utenti non andavano oltre i risultati della prima pagina che di norma presentava dieci risultati di ricerca e alcune inserzioni pubblicitarie. Gli utenti cliccavano sui risultati secondo la Figura 49. (Nielsen & Loranger, 2010, p. 41-43)

Posizione nella pagina dei risultati	Clic ottenuti
1°	51%
2°	16%
3°	6%
4°	6%
5°	5%
6°	4%
7°	2%
8°	1%
9°	1%
10°	2%
11 e +	5%

Figura 49 - I clic degli utenti nelle pagine SERP (A casa degli arrotondamenti il totale è diverso dal 100%) (Fonte: Nielsen & Loranger, 2010, p. 42)

5.5 Diritto di accesso alla rete Internet

Il 7 settembre 2015 il quotidiano britannico *The Indipendent* alla polemica sui migranti che, in fuga da guerra e povertà, sbarcano sulle coste europee stringendo tra le mani uno smartphone ha risposto con il titolo «*Sei sorpreso che gli immigrati siriani abbiano uno smartphone? Mi dispiace dirtelo ma sei un idiota*». (O'Malley, 2015)

Per un migrante lo smartphone rappresenta uno strumento di sopravvivenza, non uno status symbol di qualche forma di benessere. Lo smartphone, infatti, è l'unico mezzo che gli permette di rimanere in contatto con la famiglia, verificare la sua posizione tramite GPS durante un viaggio effettuato in condizioni di dubbia sicurezza e comunicare in un paese di cui non si conosce neppure la lingua.

Se per un migrante l'accesso a Internet diventa questione di sopravvivenza, per un cittadino benestante rappresenta il mezzo di comunicazione con maggior libertà d'espressione e d'informazione.

Il mondo però è spaccato in due: se da un lato i paesi più ricchi beneficiano appieno delle potenzialità della rete, dall'altro per

4,4 miliardi di persone Internet è solo un'aspirazione, qualcosa che non conoscono davvero ma di cui forse hanno solo sentito parlare. (Masera, Scorza, & Rodotà, 2016, p. 3-12)

In Italia, da diversi anni si discute sulla possibilità di inserire un articolo 21-bis all'interno della Costituzione per garantire l'accesso a Internet. Solo recentemente è stata approvata dalla Camera dei Deputati la *Dichiarazione dei diritti di Internet*, un testo composto di 14 articoli, fondato sul pieno riconoscimento di libertà, eguaglianza, dignità e diversità della persona dell'utente in rete. Non si tratta tuttavia di un testo normativo ma solo di una dichiarazione che si pone come contributo al pubblico dibattito. Chiave l'articolo 2 e l'articolo 3 comma 3, 4 e 5 che recitano:

«Art. 2. (Diritto di accesso)
1. L'accesso ad Internet è diritto fondamentale della persona e condizione per il suo pieno sviluppo individuale e sociale.
2. Ogni persona ha eguale diritto di accedere a Internet in condizioni di parità, con modalità tecnologicamente adeguate e aggiornate che rimuovano ogni ostacolo di ordine economico e sociale.

3. Il diritto fondamentale di accesso a Internet deve essere assicurato nei suoi presupposti sostanziali e non solo come possibilità di collegamento alla Rete.

4. L'accesso comprende la libertà di scelta per quanto riguarda dispositivi, sistemi operativi e applicazioni anche distribuite.

5. Le Istituzioni pubbliche garantiscono i necessari interventi per il superamento di ogni forma di divario digitale tra cui quelli determinati dal genere, dalle condizioni economiche oltre che da situazioni di vulnerabilità personale e disabilità.

Art. 3. (Diritto alla conoscenza e all'educazione in rete):

3. Ogni persona ha diritto ad essere posta in condizione di acquisire e di aggiornare le capacità necessarie ad utilizzare Internet in modo consapevole per l'esercizio dei propri diritti e delle proprie libertà fondamentali.

4. Le Istituzioni pubbliche promuovono, in particolare attraverso il sistema dell'istruzione e della formazione, l'educazione all'uso consapevole di Internet e intervengono per rimuovere ogni forma di ritardo culturale che precluda o limiti l'utilizzo di Internet da parte delle persone.

5. L'uso consapevole di Internet è fondamentale garanzia per lo sviluppo di uguali possibilità di crescita individuale e collettiva, il

riequilibrio democratico delle differenze di potere sulla Rete tra attori economici, Istituzioni e cittadini, la prevenzione delle discriminazioni e dei comportamenti a rischio e di quelli lesivi delle libertà altrui.» (Commissione per i diritti e i doveri relativi ad Internet, 2015)

Questo documento rappresenta un *primo passo formale* per un cambiamento che potrebbe, almeno in Italia, portare a una maggiore consapevolezza rispetto a questo mezzo, alle sue potenzialità e ai suoi rischi.

La necessità di un intervento legislativo sul diritto di accesso appare chiara perché è facile pensare che chi non accede alla rete oggi, ma soprattutto in futuro, vedrà certamente compromessa la propria libertà di informarsi e di informare, creando degli "eremiti analogici in un mondo digitale". (Masera, Scorza, & Rodotà, 2016, p. 3-12)

Ho parlato però di un *primo passo formale* e non di un *riconoscimento effettivo* del diritto di accesso per diverse ragioni. La prima mi è suggerita da un discorso tenuto da Piero Calamandrei il 26 gennaio 1955 a degli studenti universitari milanesi, in occasione dell'inaugurazione di un ciclo di sette conferenze sulla Costituzione Italiana, il quale affermava:

«L'art.34 dice: "I capaci e i meritevoli, anche se privi di mezzi, hanno diritto di raggiungere i gradi più alti degli studi". Eh! E se non hanno i mezzi? Allora nella nostra costituzione c'è un articolo che è il più importante di tutta la costituzione, il più impegnativo per noi che siamo al declinare, ma soprattutto per voi giovani che avete l'avvenire davanti a voi. Dice così: "È compito della Repubblica rimuovere gli ostacoli di ordine economico e sociale, che, limitando di fatto la libertà e l'uguaglianza dei cittadini, impediscono il pieno sviluppo della persona umana e l'effettiva partecipazione di tutti i lavoratori all'organizzazione politica, economica e sociale del Paese". È compito di rimuovere gli ostacoli che impediscono il pieno sviluppo della persona umana: quindi dare lavoro a tutti, dare una giusta retribuzione a tutti, dare una scuola a tutti, dare a tutti gli uomini dignità di uomo. Soltanto quando questo sarà raggiunto, si potrà veramente dire che la formula contenuta nell'art. primo - "L'Italia è una Repubblica democratica fondata sul lavoro" - corrisponderà alla realtà. Perché fino a che non c'è questa possibilità per ogni uomo di lavorare e di studiare e di trarre con sicurezza dal proprio lavoro i mezzi per vivere da uomo, non solo la nostra Repubblica non si potrà chiamare fondata sul lavoro, ma non si

potrà chiamare neanche democratica perché una democrazia in cui non ci sia questa uguaglianza di fatto, in cui ci sia soltanto una uguaglianza di diritto, è una democrazia puramente formale, non è una democrazia in cui tutti i cittadini veramente siano messi in grado di concorrere alla vita della società, di portare il loro miglior contributo, in cui tutte le forze spirituali di tutti i cittadini siano messe a contribuire a questo cammino, a questo progresso continuo di tutta la società.»[23] (Calamandrei, 2005)

La seconda ragione, più tecnica, mi è fornita dai dati tecnici di Akamai Technologies. Nel primo trimestre 2016 la velocità di connessione media globale era di 6,3 Mbps con un incremento del 12% rispetto all'ultimo trimestre del 2015. In Figura 50, le dieci nazioni con le performance migliori.

---

[23] Il discorso audio è disponibile al link http://bit.ly/1JmcmJC

	Country/Region	Q1 2016 Avg. Mbps	QoQ Change	YoY Change
–	Global	6.3	12%	23%
1	South Korea	29.0	8.6%	24%
2	Norway	21.3	14%	68%
3	Sweden	20.6	8.3%	32%
4	Hong Kong	19.9	19%	19%
5	Switzerland	18.7	12%	25%
6	Latvia	18.3	9.8%	33%
7	Japan	18.2	4.6%	20%
8	Netherlands	17.9	5.5%	20%
9	Czech Republic	17.8	12%	31%
10	Finland	17.7	6.9%	30%

Figura 50 – Velocità di connessione media dei dieci Stati con le prestazioni migliori
(Fonte: Akamai, 2016)

Su base globale la velocità di connessione media ha visto un incremento nell'ultimo anno del 23%. L'incremento è stato visto in 138 Paesi con un indice di crescita compreso tra lo 0,5% del Suriname e il 298% del Kenia. Anche il Congo, le Mauritius e l'Indonesia hanno più che raddoppiato la velocità media di connessione con un incremento rispettivamente del 133%, 115% e 110%.

L'Italia (vedi Figura 51) è al cinquantaquattresimo posto su scala globale, con una velocità media di connessione pari a 8.2 Mbps, tra le più basse in Europa. (Akamai, 2016)

Global Rank	Country/Region	Q1 2016 Avg. Mbps	QoQ Change	YoY Change
2	Norway	21.3	14%	68%
3	Sweden	20.6	8.3%	32%
5	Switzerland	18.7	12%	25%
6	Latvia	18.3	9.8%	33%
8	Netherlands	17.9	5.5%	20%
9	Czech Republic	17.8	12%	31%
10	Finland	17.7	6.9%	30%
12	Denmark	17.2	6.8%	35%
14	Romania	16.1	22%	31%
15	Bulgaria	15.8	19%	29%
17	Belgium	15.3	7.9%	35%
18	Lithuania	15.1	5.7%	17%
19	United Kingdom	14.9	7.8%	29%
22	Slovenia	14.5	17%	60%
23	Ireland	14.4	13%	-14%
25	Germany	13.9	8.1%	37%
26	Slovakia	13.8	10%	47%
27	Hungary	13.8	8.9%	48%
29	Austria	13.4	8.7%	29%
30	Spain	13.3	10%	49%
31	Portugal	13.1	8.6%	44%
32	Poland	12.8	16%	30%
33	Malta	12.7	7.5%	40%
35	Russia	12.2	4.8%	29%
37	Estonia	11.7	6.6%	32%
41	Luxembourg	10.6	7.3%	20%
45	France	9.9	11%	29%
54	Italy	8.2	9.8%	33%
56	Greece	7.8	7.3%	23%
61	Croatia	7.4	16%	48%
65	Cyprus	7.2	7.8%	48%

Figura 51 - Velocità di connessione media degli Stati europei
(Fonte: Akamai, 2016)

Appendice – Casi studio

Google, più di semplice efficienza energetica

Google si è impegnato molto per ridurre al minimo l'impatto ambientale dei servizi che offre. Nel 2008 è stata la prima società a pubblicare dati esaurienti sull'efficienza dei suoi data center, e da allora li pubblica a cadenza trimestrale.

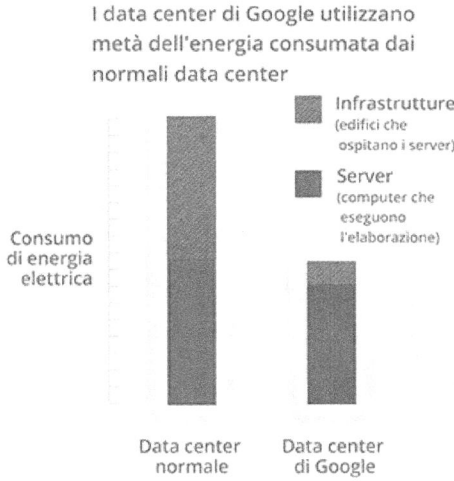

Figura 52 - Comparazione tra data center tradizionale e data center di Google (Fonte: Google, 2016)

Lo studio di macchine personalizzate e la configurazione efficiente dei data center ha consentito all'azienda di risparmiare ad oggi oltre un miliardo di dollari. A differenza di un comune data center, infatti, Google impiega solo il 50% dell'energia (vedi Figura 52). (Google, 2016)

Secondo uno studio indipendente, condotto nel 2008 da Jonathan Koomey, professore di consulting a Stanford, tutti i data center mondiali (quindi non solo quelli della azienda in analisi) utilizzano tra l'1,1% e l'1,5% dell'elettricità globale. (Koomey, 2008) Google dichiara, in base alle sue documentazioni, di utilizzare circa l'1% della stima di Koomey e di essere quindi responsabile dell'utilizzo dello 0,01% dell'elettricità prodotta a livello globale (vedi Figura 53). (Google, 2016)

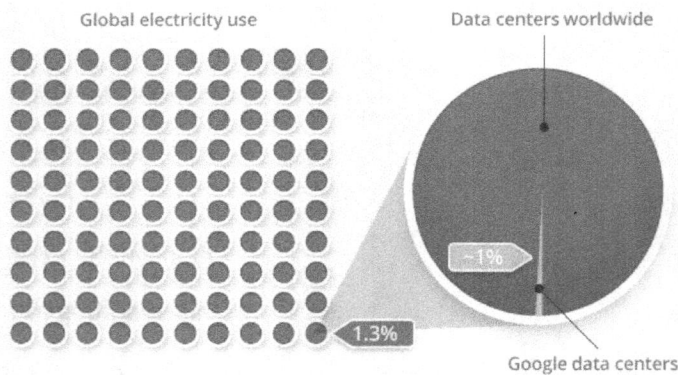

Figura 53 - Elettricità utilizzata dai data center di Google
(Fonte: Google,2016)

Per gestire al meglio l'efficienza dei data center Google utilizza apposite strumentazioni per la misurazione del parametro *Power usage effectiveness* (abbreviato con PUE), ovvero il rapporto tra la potenza totale assorbita dal data center e quella usata dai soli apparati IT. Nel secondo trimestre del 2016 il PUE di Google è risultato di 1.12; un ottimo risultato, ottenuto anche attraverso l'impiego del modello *Computational Fluid Dynamics* con cui è riuscita a ottimizzare l'isolamento tra ambienti caldi da quelli freddi.

L'azienda, inoltre, sempre per quel che concerne i data center, è solita sfruttare il *free cooling*, una tecnica che consiste nel rimuovere il calore dalla struttura senza ricorrere a un condizionatore d'aria ma mediante l'evaporazione dell'acqua oppure mediante l'utilizzo di aria fredda proveniente dall'esterno (o di altre risorse disponibili nei pressi del data center). Google ha infine riscontrato un notevole risparmio di energia minimizzando la frequenza con cui l'energia viene convertita da un tipo di corrente elettrica a un altro (alternata e continua).

Stipulando contratti a lungo termine detti *Power purchase agreements* (abbreviato con PPA) per l'acquisto di energia prodotta da fonti rinnovabili, l'azienda permette ai suoi fornitori ingenti investimenti nel settore delle rinnovabili.

Le sedi di Google promuovono il pendolarismo sostenibile per i propri dipendenti, progetta con cura i suoi edifici in modo tale da renderli il più possibile ecologici e promuove forme di alimentazione sostenibili (oltre che biologiche) acquistando prodotti locali.

La Figura 54 mostra l'impatto ambientale di Google nel 2014. Le emissioni nette di carbonio ammontano di fatto a 0, un risultato invidiabile, raggiunto attraverso una riduzione dei consumi di energia, una costante ricerca sull'efficienza energetica, con l'abbattimento delle emissioni tramite l'acquisto di energia rinnovabile (Scope 2) e con la compensazione delle emissioni restanti attraverso l'acquisto di compensazioni di carbonio. Le compensazioni delle emissioni di carbonio riducono il livello complessivo di gas responsabili dell'effetto serra. I processi di compensazione si hanno quando, per esempio, una fattoria trattiene e distrugge le proprie emissioni anziché rilasciarle nell'atmosfera riducendo così il suo impatto sull'ambiente. Google, quindi, stipula partnership con altre imprese per acquistare le emissioni in credito di quest'ultime.

Nel 2014 Google ha consumato 4.402.836 MWh di elettricità, inclusa quella generata dalla azienda stessa.

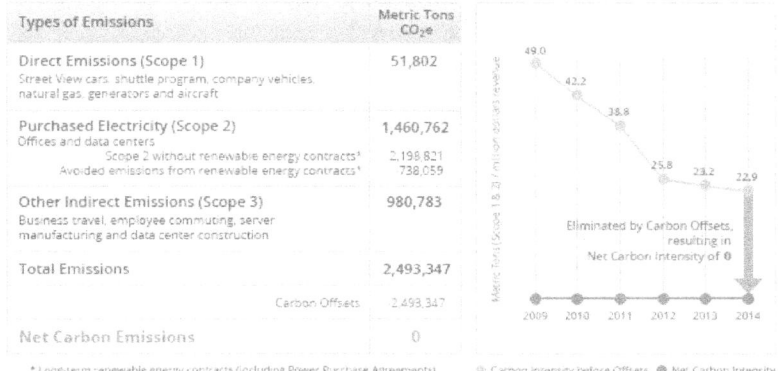

Figura 54 - Emissioni di CO_2 di Google nel 2014
(Fonte: Google 2016)

Gli sforzi dell'azienda in termini di efficienza, di acquisto di energia pulita e di compensazioni, almeno secondo questi dati, come già detto, riducono a zero il suo impatto ambientale. L'azienda, in aggiunta, stipula accordi per stanziare circa 2,5 miliardi di dollari in progetti di energia rinnovabile, in grado di produrre una quantità di energia superiore a quella che consuma.

Se analizziamo invece l'uso da parte dell'utente, scopriamo altri dati interessanti. L'utilizzo di Gmail (vedi Figura 55), per esempio, è più efficiente da un punto di vista energetico rispetto all'utilizzo di un'email ospitata su server locali. Gmail, infatti, essendo ospitata nella cloud, può assegnare risorse a più utenti in modo più efficiente (oltre ad essere eseguiti su software e hardware appositamente progettati).

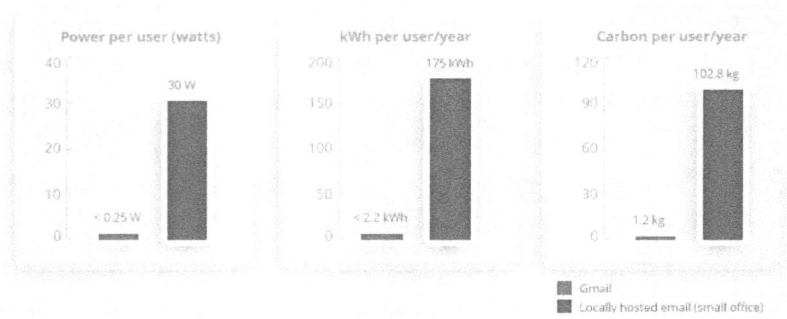

Figura 55 - Comparazione tra l'uso della posta elettronica Gmail e quella privata
(Fonte: Google, 2016)

Un utente Google attivo che esegue 25 ricerche, guarda 60 minuti di video su YouTube al giorno, ha un account Gmail e usufruisce di altri servizi, emette circa 8 grammi di CO_2 al giorno. Usufruire dei servizi di Google secondo questi parametri per un mese equivale a percorrere un miglio[24] in auto. Attraverso le compensazioni si potrebbe dire che quel miglio non è mai stato percorso. (Google, 2016)

---

[24] 1 miglio = 1,60934 Km

Hostingsostenibile.it

Hosting Sostenibile (www.hostingsostenibile.it) è un progetto di sostenibilità digitale che punta a ridurre realmente l'inquinamento prodotto dalle attività dei data center italiani. L'infrastruttura di Hosting Sostenibile è stata progettata per essere alimentata direttamente da energia solare prodotta da un impianto fotovoltaico proprietario. Server, dispositivi di sicurezza e impianti di climatizzazione sono alimentati solamente dalla energia solare prodotta e garantiscono durante il giorno la totale copertura del fabbisogno energetico.

Figura 56 - Il logo di hostingsostenibile.it

Nelle ore serali, quando l'impianto fotovoltaico non può essere produttivo, l'energia utilizzata proviene da un fornitore che commercializza energia elettrica generata esclusivamente da fonti rinnovabili.

Per ridurre i consumi energetici del data center i responsabili hanno deciso di realizzare una infrastruttura virtualizzata altamente innovativa, ottimizzando i consumi dei server fisici. Le scelte tecnologiche, sia a livello di hardware che di software, permettono alla azienda di ospitare centinaia di server virtuali in un unico armadio rack, eliminando i consumi generati dai server fisici in continua funzione pur mantenendo un altissimo standard di prestazioni.

L'azienda, inoltre, utilizza solo tecnologie OpenSource contribuendo in maniera diretta allo sviluppo dei software che utilizza attraverso la partecipazione alle community online che creano nuovi plug-in volti a risolvere i vari debug di sistema favorendo la diffusione della conoscenza per uno sviluppo tecnologico etico e sostenibile. (Hosting Sostenibile, 2016)

Il progetto di Amazon Prime Air

Era la fine del 2013 quando Jeff Bezos, fondatore di Amazon, società leader a livello mondiale di commercio elettronico, annunciò il progetto Amazon Prime Air[25] ovvero un sistema di consegna e delivery basato su piccoli droni APR semiautomatici in grado di consegnare le merci ordinate online entro 30 minuti dall'ordine.

---

[25] Il progetto fu annunciato nel programma TV *60 Minutes* della CBS http://www.cbsnews.com/news/amazon-unveils-futuristic-plan-delivery-by-drone/

Il progetto, nonostante le diverse difficoltà e limiti (tecnologici, di sicurezza e burocratiche), è stato portato avanti senza paura. (Alfieri, 2015, p. 106-108) Proprio nel momento in cui scrivo (Luglio 2016) su La Repubblica si legge «Il colosso della vendite online fondato da Jeff Bezos, ha stretto un accordo storico con la Caa Uk, l'ente per l'aviazione civile britannico: Amazon è stata autorizzata ad effettuare dei test nelle aeree rurali e suburbane del Regno Unito, con dei droni capaci di trasportare pacchi leggeri fino a 5 libbre, poco meno di 2,3 chilogrammi. » (Cillis, 2016)

Il risultato comporterebbe un taglio netto sia nei tempi e che nelle spese di consegna. In una prospettiva di e-commerce sostenibile, giacché questi droni sono alimentati da energia elettrica, questa appare come un'ottima via percorribile per la ricerca di una soluzione più ecologica rispetto ai mezzi di consegna su strada. (Burchia, 2013)

Figura 57 - Il drone di Amazon Prime Air (Fonte: https://www.amazon.com/b?node=8037720011)

Korto, orti urbani online

Korto (www.korto.it) è una interessante realtà torinese nata nel 2015 da un'idea di Davide Almondo che, già nel 2014, si era aggiudicato l'Oscar Green nel concorso *Coldiretti Giovani Impresa*, concorso nato per valorizzare lo spazio all'innovazione in agricoltura.

Fu Almondo, a Venaria, a realizzare il più grande orto urbano d'Italia, composto di ben 550 appezzamenti da 90 metri quadrati l'uno.

Figura 58 - Il logo di Korto.it

Nelle campagne di Venaria Reale, Almondo ha ricavato 1200 piccoli appezzamenti di terreno che possono essere affittati e coltivati «a distanza» da chiunque, grazie all'aiuto di un ortolano esperto. È sufficiente registrarsi e configurare l'orto scegliendo gli ortaggi preferiti. Dopo la configurazione, l'utente può seguire la crescita attraverso una webcam, oppure andando direttamente all'orto il sabato mattina. Quando i frutti sono maturi, l'utente potrà raccoglierli personalmente recandosi in loco, oppure riceverli a casa. In attesa che gli ortaggi crescano, si può comunque ricevere una cassetta settimanale di prodotti di altri agricoltori dell'area torinese scelti da Korto.
Purtroppo al momento il servizio è attivo solo nei comuni di Torino, Rivoli, Collegno, Moncalieri, Venaria, Alpignano, Druento, Nichelino, Cascine vica e Stupinigi; ma rappresenta un esempio concreto di e-commerce alimentare a ridotto impatto ambientale. (Giacomino, 2015)

La sostenibilità del packaging Tetra Pak

Tetra Pak è una multinazionale svedese fondata nel 1951 da Ruben Rausing. È l'azienda leader mondiale nella fornitura di confezioni, macchine per il confezionamento, processi integrati di trasformazione per l'industria alimentare e tecnologie per l'intero percorso del trattamento e confezionamento degli alimenti. Nel 2012 l'azienda ha venduto 173 miliardi di confezioni contenenti oltre 77 miliardi di litri di alimenti confezionati.

Oggi Tetra Pak, oltre a vantare sedi in più di 170 paesi al mondo, conta 23000 dipendenti, di cui circa 1000 impiegati nel settore ricerca e sviluppo. In Italia è presente dal 1965, a Rubiera (RE), primo sito produttivo aperto fuori dal territorio svedese. Qui raggruppa due aziende: Tetra Pak Italiana SpA (che svolge funzioni commerciali) e Tetra Pak Carta SpA (specializzata nella produzione di contenitori per alimenti a lunga conservazione).

A Modena, invece, ha sede Tetra Pak Packaging Solutions SpA, centro mondiale di ricerca e sviluppo sui sistemi di confezionamento asettico.

Tetra Pak ha risposto alle esigenze di sostenibilità dei suoi prodotti incorporando nella sua mission i principi di responsabilità sociale d'impresa per garantire uno sviluppo continuo ed etico delle proprie attività.

Il motto che ha fatto da capolino a questa missione è "Protegge la Bontà" con cui l'azienda si è impegnata e si impegna in una azione di crescita sostenibile per se stessa, per i clienti e per l'ambiente.

Utilizzando la LCA essa è andata a valutare gli impatti energetici dell'intero ciclo di vita del prodotto pianificando interventi di miglioramento costanti che gli hanno consentito la riduzione di emissioni di anidride carbonica di 2000 tonnellate tra il 2010 e il 2013 nonostante l'incremento produttivo del 12%.

A Rubiera negli ultimi dieci anni l'azienda ha ridotto gli scarti di produzione del 30% pari a 6000 tonnellate di rifiuti in meno. Nello stesso stabilimento un impianto fotovoltaico ha ridotto il fabbisogno energetico del 28% producendo 200000 kWh di energia elettrica.

L'aspetto innovativo sta però nei prodotti: I contenitori Tetra Pak sono interamente riciclabili poiché composti principalmente di carta (proveniente da foreste gestite responsabilmente). I tappi sono realizzati con polietilene ad alta densità (HDPE, High Density Poly Ethylene) rinnovabile. Questo materiale, derivato dalla canna da zucchero, permette lo stesso aspetto e le stesse funzionalità dei tappi standard (In Figura 59 una piccola rassegna del percorso che ha portato a questo risultato).

La promozione sulla raccolta differenziata avviene sia a livello territoriale, sia attraverso il web con il sito www.tetrapak.com e il sito esclusivamente dedicato al tema www.tiriciclo.it.

Le modalità di raccolta del Tetra Pak variano da comune a comune. In alcune città essi vengono raccolti insieme alla carta, in altre insieme alla plastica. Su www.tiriciclo.it è disponibile una mappa interattiva in cui verificare il regolamento del singolo comune. (Persico & Rossi, 2016, p. 153-156)

Figura 59 - Il viaggio verso la sostenibilità dei prodotti Tetra Pak (Fonte: Persico & Rossi, 2016, p. 156)

Treedom e Tree-Nation, nuovi alberi per compensazione delle emissioni di CO_2

Treedom (www.treedom.net) e Tree-Nation (www.tree-nation.com) sono due siti web che, alla luce del fenomeno della deforestazione e dei cambiamenti climatici dovuti alle emissioni di CO_2, permettono di piantare alberi gestendo numerosi progetti in tutto il mondo. Treedom è una start-up italiana nata nel 2010 a Firenze. Da allora vanta

Figura 60 - Il logo di Treedom

oltre 250.000 alberi piantati tra Senegal, Camerun, Malawi, Argentina, Haiti, Italia, Kenya, Burkina Faso. I contadini locali o le piccole cooperative di Treedom, ricevono un contributo economico per la piantumazione di nuovi alberi. Attraverso il coinvolgimento attivo di queste collettività locali, i progetti permettono di ottenere straordinari risultati in termini di empowerment e innescano comportamenti virtuosi di rispetto e tutela delle risorse naturali, oltre a iniziative di microimprenditorialità volte alla valorizzazione delle foreste, i loro frutti e le colture agricole consociate. I progetti sono quindi fortemente vicini alle comunità locali, dagli alberi i contadini possono raccoglierne liberamente i frutti e sostenere le proprie famiglie. Nel sito web di Treedom è implementato un interessante calcolatore da cui è possibile scoprire la CO_2 emessa nelle azioni più comuni della giornata. (Enel Spa, 2016)

Figura 61 - Il logo di Tree-Nation

Tree-Nation è un social network nato nel 2007 per mano di gruppo di giovani ingegneri e comunicatori provenienti da varie città d'Europa, conosciuti in qualità di studenti a Barcellona, dove ha sede la società. Oggi ci sono referenti in molti altri paesi, tra cui anche l'Italia, e il sito è accessibile in diverse lingue. Come in altri social network, ci si possono scambiare messaggi, leggere notizie su temi ambientali, personalizzare il proprio profilo rivelando le proprie azioni quotidiane di sostenibilità, come l'abitudine alla raccolta differenziata o all'uso dei mezzi pubblici. Peculiarità di Tree-Nation è che, via via che si interagisce col sito, l'utente ha possibilità di aggiungere piante anche gratuitamente, soprattutto nel caso in cui si è particolarmente attenti ad "innaffiare" virtualmente i propri arbusti. Tree-Nation al momento vanta 100.000 iscritti e 800.000 alberi piantati e più di 200 sponsor tra cui Google, Unilever, Danone, The Economist, Internazionale, Garnier, Nivea, Henkel e molti altri. (Bruni, 2013)

#ioloraccolgo, un hashtag per pulire il mondo

Era l'aprile del 2015 e mi trovavo a Pavia. Uscii di casa con un telo mare e un buon libro che non riuscivo mai a trovare il tempo di leggere. L'intenzione era una sola: godermi quel primo sole primaverile sdraiato su di un prato. L'idea di "#ioloraccolgo" è nata proprio quel giorno, per caso, sotto un piccolo salice, poco lontano dal Ponte Coperto.

Quando iniziai a mettere via i miei oggetti per ritornare a casa mi resi conto che attorno a me c'erano tanti piccoli rifiuti abbandonati. La giornata era stata così piacevole che guardai questi rifiuti con un sentitissimo disprezzo. Prima di raccoglierli, presi lo smartphone, li fotografai e twittai un "#ioloraccolgo anche se non è mio" prima di gettarli in un cestino poco lontano. Subito dopo presi la via di casa.

A distanza di alcune ore riguardai il mio tweet e mi resi conto che nessuno aveva mai fatto nulla del genere: Nessuno aveva mai pensato, almeno secondo le mie ricerche, a un hashtag virale per pulire il pianeta dai rifiuti abbandonati. Così, nel giro di pochissimi giorni, lanciai il sito www.ioloraccolgo.com e il profilo Twitter @ioloraccolgo.

Col passare dei mesi, pian piano, l'iniziativa è cresciuta e oggi il canale @ioloraccolgo, oltre ad essere la principale via di comunicazione fra me e i miei follower, rappresenta un luogo di dibattito e d'informazione ambientale.

A novembre 2016, per rendere l'iniziativa veramente internazionale, ho creato il suo equivalente inglese #putitinthebin e il sito www.putitinthebin.net.

Il risultato, seppur modesto, rappresenta un esempio di come sia possibile impiegare la tecnologia per favorire la nascita di comportamenti a favore dell'ambiente facendo leva sulla caratteristica principale di tutti i social network: la condivisione.

Se mai #ioloraccolgo avesse i mezzi (o i numeri) per diventare un hashtag virale, è plausibile aspettarsi un pianeta davvero più pulito, anche solo per qualche giorno.

Conclusioni

Questo libro ha cercato di evidenziare l'esigenza di trasporre i principi ambientali e sociali tipici dello sviluppo sostenibile al settore IT e all'e-commerce. Il quadro che ne è emerso è decisamente complesso, ampio e che include moltissime discipline fino ad oggi apparentemente indipendenti.

Lo sviluppo della tecnologia è inevitabile, la speranza è che questo avvenga in linea con le esigenze ambientali e sociali odierne. La ricerca dovrebbe investire in questa direzione poiché i pericoli sono imminenti e già facilmente percepibili, non solo in dati puramente scientifici.

L'esplosione della green economy si pone come un buon punto di partenza per il cambiamento, tuttavia troppo spesso resta il dubbio che questo fenomeno parta prima di tutto da un'esigenza di mercato e di marketing e, solo in un secondo momento, perché persone e aziende percepiscono realmente il problema. Non sono rari gli episodi di greenwashing ovvero di quelle strategie di comunicazione di certe imprese, organizzazioni o istituzioni politiche, finalizzate a costruire un'immagine di sé ingannevolmente positiva sotto il profilo dell'impatto ambientale, allo scopo di distogliere l'attenzione dell'opinione pubblica dagli effetti negativi per l'ambiente dovuti alle proprie attività o ai propri prodotti.

Secondo il mio parere, oltre all'innovazione, nei prossimi anni giocheranno un ruolo fondamentale le energie rinnovabili e l'informazione.

È indispensabile che i media, il settore dell'istruzione e le istituzioni in generale, favoriscano la nascita di una vera "generazione green" attraverso un aumento di spazi media-audiovisivi e programmi d'istruzione dedicati. Le persone devono essere più consapevoli dell'impatto delle loro azioni sull'ambiente e sugli altri individui del pianeta.

La scelta del prodotto giusto nello scaffale, del mezzo di trasporto, una corretta gestione dei rifiuti e dell'energia impiegata nelle proprie abitazioni dai prodotti tecnologici, può davvero fare la differenza, ogni giorno.

Con questo libro, rielaborazione della mia tesi di laurea magistrale discussa presso l'Università degli Studi di Pavia in ottobre 2016 e poi premiata in dicembre a Roma nella XIV edizione del Premio di laurea Socialis (dedicato allo sviluppo sostenibile e alla Corporate Social Responsibility), vorrei aprire l'Italia a un primo dibattito sul tema del green computing e dell'e-commerce sostenibile.

Alessandro De Chirico

Bibliografia

Accenture Microsoft Report. (2010). *Cloud Computingand Sustainability: The EnvironmentalBenefits of Moving to the Cloud.* Tratto da Gesi: http://gesi.org/files/Reports/AssessmentMethodologyCaseStudy_CloudComputingSustainability-Nov2010.pdf

Aguiari, G., & Provedel, R. (2013). *Logistica sostenibile: un'occasione di sviluppo e innovazione.* Milano: FrancoAngeli.

Akamai. (2016). *Akamai's. State of the Internet. Q1 2016 Report.* Tratto da https://www.akamai.com/uk/en/multimedia/documents/state-of-the-internet/akamai-state-of-the-internet-report-q1-2016.pdf

Albert, M. (2009, Marzo 19). *Power Consumption: 30 LCDs Tested.* Tratto da PC Games Hardware: http://www.pcgameshardware.com/aid,679385/Power-consumption-30-LCDs-tested/Reviews/

Alfieri, R. (2015). *L'invasione dei droni. Il futuro è sopra di noi.* Milano: Hoepli.

Andreuccetti, D., & Bevitori, P. (2003). *Inquinamento elettromagnetico. Conoscerlo per prevenirlo: le risposte degli esperti.* Milano: FrancoAngeli.

APC. (2007). *A Quantitative Comparison of High Efficiency AC vs. DC Power Distribution for Data Centers, White paper #127.* Tratto da APCmedia: http://www.apcmedia.com/salestools/NRAN-76TTJY_R0_EN.pdf

APC. (2011). *AC vs. DC Power Distribution for Data Centers, White paper #63.* Tratto da APCmedia: http://www.apcmedia.com/salestools/SADE-5TNRLG_R6_EN.pdf

Attanasio, A., & Giorgi, J. (2015, Aprile 13). *Agbogbloshie, come si vive nella più grande discarica di rifiuti elettronici d'Africa.* Tratto da L'Espresso: http://espresso.repubblica.it/internazionale/2015/04/13/news/agbogbloshie-come-si-vive-nella-piu-grande-discarica-di-rifiuti-elettronici-d-africa-1.207944

Atzori, L., Iera, A., & Morabito, G. (2010). The Internet of Things: A survey. *Computer Networks, 54*(15), 2787-2805.

Azuma, R. T. (1997). A survey of augmented reality. *Presence: Teleoperators and virtual environments, 6*(4), 355-385.

Badini Buti, L. (2008). *Ergonomia olistica. Il progetto per la variabilità umana.* Milano: FrancoAngeli.

Bandiera, R. (2014). *Rischi e opportunità del Web 3.0 e delle tecnologie che lo compongono.* Palermo: Dario Flaccovio Editore.

Baroudi, C. (2009). *Green IT for dummies. IBM limited edition.* Hoboken: Wiley Publishing.

Bernardi, R., & Smiraglia, C. (1999). *L'ambiente dell'uomo. Introduzione alla geografia fisica.* Bologna: Patron editore.

Bolt, J., & van Zanden, J. (2013). *The First Update of the Maddison Project: Re-Estimating Growth Before 1820.* Tratto da http://www.ggdc.net/maddison/maddison-project/publications/wp4.pdf

Boncinelli, E. (2006). *L'anima della tecnica.* Milano: Rizzoli.

Boroni Grazioli, M. (2012). *Imballaggio di trasporto sostenibile. Vantaggio competitivo della logistica.* Milano: Tecniche Nuove.

BP. (2015, Giugno). *BP Statistical Review of World Energy 2015.* Tratto da http://www.bp.com/content/dam/bp/pdf/energy-economics/statistical-review-2015/bp-statistical-review-of-world-energy-2015-full-report.pdf

Brown, R. (2007). *Report to Congress on Server and Data Center Energy Efficiency: Public Law 109-431.* Berkeley: Lawrence Berkeley National Laboratory.

Brundtland Gro Harlem; World Commission on Environment and Development. (1987). *Our Common Future: Report of the World Commission on Environment and Development.* Oxford: Oxford University.

Bruni, M. (2013, Agosto 24). *Piantare un albero per salvare il mondo.* Tratto da La Stampa: http://www.lastampa.it/2013/08/24/scienza/ambiente/focus/piantare-un-albero-per-salvare-il-mondo-CjHlfAKafAKAtKPUXH1AWL/pagina.html

Buchmann, I. (2016, Maggio 25). *How to Prolong Lithium-based Batteries.* Tratto da Battery University: http://batteryuniversity.com/learn/article/how_to_prolong_lithium_based_batteries

Burchia, E. (2013, Dicembre 2). *Amazon Prime Air: le consegne con i droni.* Tratto da Corriere della Sera: http://www.corriere.it/tecnologia/economia-digitale/13_dicembre_02/amazon-prime-air-consegne-droni-bda1497a-5b3d-11e3-bbdb-322ff669989a.shtml?refresh_ce-cp

Calamandrei, P. (2005, Gennaio 30). E Calamandrei raccontò la Costituzione. *Patria Indipendente*, 9-10.

Camera dei Deputati. (2016, Gennaio 11). *Le norme nazionali sulla commercializzazione dei sacchetti di plastica non biodegradabile (shoppers).* Tratto da Camera dei Deputati: http://www.camera.it/temiap/t/news/post-OCD15-10929

Carraro, C., & Mazzai, A. (2015). *Il clima che cambia. Non solo un problema ambientale.* Bologna: Il Mulino.

Casaleggio associati. (2016, Aprile). *Ecommerce in Italia 2016.* Tratto da Casaleggio associati: https://www.casaleggio.it/wp-content/uploads/2016/04/Focus_E-commerce_2016_Web1.pdf

Caudell, T. P., & Mizell, D. W. (1992). Augmented reality: An application of heads-up display technology to manual manufacturing processes. *System Sciences, 1992. Proceedings of the Twenty-Fifth Hawaii International Conference on. 2*, p. 659-669. IEEE.

Cianciullo, A., & Silvestrini, G. (2010). *La corsa della green economy. Come la rivoluzione verde sta cambaindo il mondo.* Milano: Edizioni Ambiente.

Cillis, L. (2016, Luglio 27). *Pacchi Amazon alla prova dei droni, in Gran Bretagna prime sperimentazioni.* Tratto da La Repubblica: http://www.repubblica.it/economia/2016/07/27/news/amazon_alla_prova_dei_droni_in_gran_bretagna_prime_sperimentazioni-144889519/

Cohen, J. (1998). *Quante persone possono vivere sulla terra?* Bologna: Il Mulino.

Colarelli, D., & Grunwald, D. (2002). Massive arrays of idle disks for storage archives. *Proceeding SC '02 Proceedings of the 2002 ACM/IEEE conference on Supercomputing*, 1-11.

Commissione Europea. (2008, Ottobre 30). *Code of Conduct on Data Centres Energy Efficiency.* Tratto da Commissione Europea:

http://ec.europa.eu/information_society/activities/sustainable_growth/docs/datacenter_code-conduct.pdf

Commissione per i diritti e i doveri relativi ad Internet. (2015, Luglio). *Dichiarazione dei diritti in Internet.* Tratto da Camera dei deputati: http://www.camera.it/application/xmanager/projects/leg17/commissione_internet/dichiarazione_dei_diritti_internet_pubblicata.pdf

Commoner, B. (1990). *Far pace col pianeta. Il punto sui rapporti tra ecosfera e tecnosfera: cosa non è stato fatto e cosa si può fare.* Milano: Garzanti.

Computer Aid International. (2010, Agosto). *Special Report Series. ICT and the Environment. Report 1: Why reuse is better than recycling.* Tratto da Interconnetion.org: https://interconnection.org/Computer-reuse-report.pdf

Coral, C., & Mario, P. (2015). *Green in Software Engineering.* Switzerland: Springer.

Dall'ò, G. (2014). *Smart city.* Bologna: Il Mulino.

DEFRA. (2013). *Government Conversion Factors for Company Reporting.* Londra: Defra.

Di Noia, T., De Virgilio, R., Di Sciascio, E., & Donini, F. M. (2013). *Semantic web. Tra ontologie e open data.* Milano: Apogeo.

Diamond, J. (2015). *Da te solo a tutto il mondo.* Torino: Einaudi.

Dix, A., Finlay, J., Abowd, G. D., & Beale, R. (2004). *Interazione uomo-macchina.* Milano: McGraw-Hill.

Duchowski, A. T. (2007). *Eye Tracking Methodology. Theory and Practice.* (II ed.). Londra: Springer.

Duchowsky, A. T. (2002). A Breadth-First Survey of Eye Tracking Applications. *Instruments, & Computers, 34*(4), 455-470.

Edwards, J., McKinnon, A., & Cullinane, S. L. (2010). Comparative analysis of the carbon footprints of conventional and online retailing: A 'last mile' perspective. *International Journal of Physical Distribution and Logistics Management, 40*(1/2), 103-123.

Emarketer. (2015). *Worldwide retail ecommerce sales: emarketer's update estimates and forecast through 2019.* Tratto da Emarketer.com: http://www.emarketer.com/public_media/docs/eMarketer_eTailWest2016_Worldwide_ECommerce_Report.pdf

Enel Spa. (2016). *Treedom. Pianta o regala un albero.* Tratto da Enel for start-ups: http://startup.enel.com/it/project/treedom-it

FAO. (2014). *The State of World Fisheries and Aquaculture 2014.* Tratto da http://www.fao.org/3/a-i3720e.pdf

Farrar, L. (2009, Luglio 13). *Greening the Internet: How much CO2 does this article produce?* Tratto da CNN: http://edition.cnn.com/2009/TECH/science/07/10/green.internet.CO2/index.html?eref=rsstech

Garnett, T. (2003). *Wise Moves: Exploring the relationship between food transport and CO2.* London: Transport 2000.

Gavelli, G. (2011). *Inquinamento elettromagnetico. Identificazione delle sorgenti e valutazione del rischio.* Palermo: Dario Flaccovio Editore s.r.l.

GeSI. (2008). *SMART 2020: Enabling the low carbon economy in the.* Tratto da Global e-Sustainability Initiative: http://gesi.org/files/Reports/Smart%202020%20report%20in%20English.pdf

Ghose, A. (2011). Green strategic alignment: Aligning business strategies with sustainability objectives. In B. Unhelkar, *Handbook of Research in Green ICT: Technical, Business and SocialPerspectives* (p. 184–196). Hershey: IGI Global.

Giacomino, G. (2015, Dicembre 11). *Coltivare il proprio orto a colpi di mouse e webcam.* Tratto da La Stampa: http://www.lastampa.it/2015/12/11/cronaca/coltivare-il-proprio-orto-a-colpi-di-mouse-e-webcam-0Bc9Ihu2zE4bu3Bi3KMPcJ/pagina.html

Glaser, P. E. (1968, Novembre 22). Power from the Sun, Its Future. *Science, 162*(3856), pp. 857–861.

Gleeson, E. (2009, Aprile 24). *Computing industry set for a shocking change.* Tratto da Money Week: http://moneyweek.com/computing-industry-set-for-a-shocking-change-43226/

Good, I. J. (1966). Speculations Concerning the First Ultraintelligent Machine. *Advances in Computers, 6*, pp. 31-88.

Google. (2016). *Un Web migliore. Migliore per l'ambiente.* Tratto da Google Green: https://www.google.com/green/

Gore, A. (2009). *La scelta. Come possiamo risolvere la crisi climatica.* Milano: Rizzoli.

Grassani, E. (2002). *L'altra faccia della tecnica. Lineamenti di una deriva sociale prodotta e subita dall'uomo.* Milano: Mimesis.

Greenpeace International. (2010). *Make IT Green.* Tratto da Greenpeace: http://www.greenpeace.org/international/en/publications/reports/make-it-green-cloud-computing/

Hansen, M. C., Potapov, P. V., Moore, R., Hancher, M., Turubanova, S. A., Tyukavina, A., . . . Townshend, J. R. (2013, Novembre). High-Resolution Global Maps of 21st-Century Forest Cover Change. *Science, 342*, 850–53. Tratto da http://earthenginepartners.appspot.com/science-2013-global-forest.

Hilty, L., Aebischer, B., Andersson, G., & Lohmann, W. (2013). *ICT4S – ICT for Sustainability: Proceedings of the First International Conference on Information and Communication Technologies for Sustainability.* Zurigo: ETH E-Collection.

Holmen, B. A., & Niemeier, D. A. (2003). Air quality. In D. A. Hensher, & K. J. Button, *Handbook of Transport and the Environment* (p. 61-79). Oxford: Elsevier.

Hosting Sostenibile. (2016). *Hosting Sostenibile, lo spazio ecologico del web.* Tratto da Hosting Sostenibile: http://www.hostingsostenibile.it

Hutton, D. (2012). *Lo smarrimento del pianeta. I cambiamenti climatici e la Green Economy.* Roma: Edizioni Associate.

International Union for Conservation of Nature and natural resources (IUNC). (1980). *World conservation strategy : living resources conservation for sustainable development.* Gland.

IPCC. (2011). *IPCC Special Report on Renewable Energy Sources and Climate Change Mitigation.* Cambridge, United Kingdom e New York: Cambridge University Press.

IRU. (2002). *Comparative Analysis of energy consumption and CO2 emissions of road transport and combined transport road/rail.* Geneve: International Road Transport Union.

ISO 9241-11. (1998). *Ergonomic requirements for office work with visual display terminal (VDTs). Part 11: Guidance on usability.* International standard.

ISPRA. (2015, Ottobre). *Rapporto rifiuti urbani. Edizione 2015.* Tratto da ISPRA AMBIENTE: http://www.isprambiente.gov.it/files/pubblicazioni/rapporti/rifiuti-urbani-

2015/RapportoRifiutiUrbani_Ed.2015%20n.230_Vers.Integrale.pdf

KiteGen. (2016). *KiteGen Steam, funzionamento.* Tratto da KiteGen Venture: http://www.kitegenventure.com/tecnologia

Koller, M., Kunz, I., Jost, M., & Pletscher, C. (2015, Luglio). *Factsheet. Stampanti laser, fotocopiatrici e toner: pericoli per la salute.* Tratto da Suva: http://www.suva.ch/it/factsheet-gesundheitsgefaehrdung-durch-laserdrucker-kopiergeraete-toner.pdf

Koomey, J. (2008, Settembre 23). Worldwide electricity used in data centers. *Environmental Research Letters, 3*(034008).

Krug, S. (2014). *Don't make me think.* Milano: Tecniche Nuove.

Kurose, J. F., & Ross, K. W. (2013). *Reti di calcolatori e Internet. Un approccio top-down* (VI ed.). Milano-Torino: Pearson.

Lanza, A. (2006). *Lo sviluppo sostenibile.* Bologna: Il Mulino.

Latouche, S. (2015). *Usa e getta. Le follie dell'obsolescenza programmata. Nuova edizione riveduta e ampliata.* Torino: Bollati Boringhieri editore.

Lewis, H., Gertsakis, J., Grant, T., Morelli, N., & Sweatman, A. (2001). *Progettare per l'ambiente. Guida alla progettazione eco-efficiente dei prodotti.* Milano: Ranieri Editore.

Lorenzoni, A. (2012). *Il risparmio energetico.* Bologna: Il Mulino.

Mahesri, A., & Vardhan, V. (2005). Power consumption breakdown on a modern laptop. *Power-Aware Computer System, 10*(1), 165-180.

Mann, S. (2002, Agosto 6). Mediated reality with implementations for everyday life. *Presence Connect*.

Masera, A., Scorza, G., & Rodotà, S. (2016). *Internet, i nostri diritti.* Roma-Bari: Laterza.

Massa, R. (2005). *Il secolo della biodiversità.* Milano: Editoriale Jaca Book.

Matthews, H., Hendrickson, C. T., & Soh, D. L. (2001). Environmental and economic effects of e-commerce: A study of book publishing and retail logistics. *Transportation Research Record*, 6-12.

McKinnon, A., Browne, M., Whiteing, A., & Piecyk, M. (2015). *Green logistics. Improving the enviromental sustainability of logistics.* Stati Uniti: Kogan Page Publishers.

McKinnon, A., Cullinane, S., Browne, M., & Whiteing, A. (2012). *Logistica verde. Migliorare la sostenibilità ambientale della logistica.* Milano: Tecniche Nuove.

McLean, L. (2011). *The Force. Living safely in a world of electromagnetic pollution.* Carlton North, Victoria (Australia): Scribe Publications Pty Ltd.

Medardo, C. (1997). *Ambiente: gestione e strategia. Un contributo alla teoria della progettazione ambientale.* Milano: Feltrinelli.

Milà i Canals, L., Cowell, S. J., Sim, S., & Basson, L. (2007). Comparing domestic versus imported apples: a focus on energy use. *Env Sci Pollut Res, 14*(5), 338-344.

Milgram, P., & Fumio, K. (1994). A taxonomy of mixed reality visual displays. *IEICE TRANSACTIONS on Information and Systems, 77*(12), 1321-1329.

MLC Consulting. (2015, Maggio 29). *Le tre leve per avere un Green Warehouse.* Tratto da Logistica Efficiente: http://www.logisticaefficiente.it/redazione/magazzino/progettazione-e-miglioramento/tre-leve-green-warehouse.html

Murugesan, S. (2008). Harnessing green IT: Principles and practices. *IT professional, 10*(1), 24-33.

Murugesan, S., & Gangadharan, G. R. (2012). *Harnessing Green IT. Principles and practices.* Wiley Publishing.

Nambisan, S., & Sawhney, M. (2008). *The global brain. Creare innovazione nel mercato aperto.* Milano-Torino: Pearson.

Nielsen, J., & Loranger, H. (2010). *Web usability 2.0. L'usabilità che conta (Volume 1).* Milano: Apogeo.

Norman, D. A. (2008). *Il design del futuro.* Milano: Apogeo.

Norman, D. A. (2013). *The Design of Everyday Things.* Basic Books.

O'Malley, J. (2015, Settembre 7). *Surprised that Syrian refugees have smartphones? Sorry to break this to you, but you're an idiot.* Tratto da The Indipendent: http://www.independent.co.uk/voices/comment/surprisedthat-syrian-refugees-have-smartphones-well-sorry-to-break-this-to-you-but-youre-an-idiot-10489719.html

Pasquini, J., & Giomi, S. (2014). *Web Usability. Guida completa alla user experience e all'usbilità per comunicare e vendere online.* Milano: Hoepli.

Perera, C., Zaslavsky, A., Christen, P., & Georgakopoulos, D. (2014). Context aware computing for the internet of things: A survey. *IEEE Communications Surveys & Tutorials, 16*(1), 414-454.

Persico, M. G., & Rossi, F. (2016). *Comunicare la sostenibilità. Comunicare il nuovo paradigma per un nuovo vantaggio competitivo.* Milano: FrancoAngeli.

Pinchera, A. (2004). *Ci salveremo dal riscaldamento globale?* Roma-Bari: La terza.

Pinheiro, E., & Bianchini, R. (2004). Energy conservation techniques for disk array-based servers. *ICS '04 Proceedings of the 18th annual international conference on Supercomputing* (p. 68-78). New York: ACM. Tratto da http://www.research.rutgers.edu/~edpin/ics04.pdf

Rezzani, A. (2013). *Big Data: Architettura, tecnologie e metodi per l'utilizzo di grandi basi di dati.* Milano: Maggioli Editore.

Rizet, C., Browne, M., Cornelis, E., & Leonardi, J. (2012). Assessing carbon footprint and energy efficiency in competing supply chains: Review – case studies and benchmarking.

Transportation Research: Part D: Transport and Environment,, 17(4), 293-300.

Roberson, J. A., Homan, G. K., Mahajan, A., Nordman, B., Webber, C. A., Brown, R. E., & Koomey, J. G. (2002). *Energy use and power levels in new monitors and personal computers.* Lawrence Berkeley National Laboratory.

Roosa, S. A. (2010). *Sustainable Development Handbook* (2nd edition ed.). Lilburn: The Fairmont Press, Inc.

Rotem-Mindali, O. (2010). E-tail versus retail: The effects on shopping-related travel – empirical evidence from Israel. *Transport Policy, 17*(5), pp 312–22.

Rubin, J., & Chisnell, D. (2008). *Handbook of Usability Testing. How to Plan, Design, and Conduct Effective Tests.* New York: Wiley.

Sachs, J. D. (2015). *L'era dello sviluppo sostenibile.* Milano: EGEA.

San Benedetto SpA. (2016). *San Benedetto per l'ambiente*. Tratto da San Benedetto: http://www.sanbenedetto.it/it/san-benedetto-per-lambiente/

Saphire, D. (1994). *Delivering the Goods: Benefits of reusable shipping containers.* New York: Inform.

Schipper, L. J., & Fulton, L. (2003). Carbon dioxide emissions from transportation: trends, driving forces and factors for change. In D. A. Hensher, & K. J. Button, *Handbook of transport and the environment* (p. 203-225). Oxford: Elsevier.

Schroten, A., & den Boer, L. C. (2007). *Traffic noise reduction in Europe: Health effects, social costs and technical and policy options to reduce road and rail traffic noise.* Paesi Bassi: CE Delft.

Scripps Institution of Oceanography. (2016). *Keeling Curve Lessons.* Tratto da Scripps CO2 Program: http://scrippsco2.ucsd.edu/history_legacy/keeling_curve_lessons

Sissa, G. (2008). *Il computer sostenibile. Riduzione dei rifiuti elettronici, riuso dei PC e open source.* Milano: FrancoAngeli.

Smith, J., & Nair, R. (2003). *Virtual Machines: Versatile Platforms for Systems and Processes.* Los Altos: Morgan Kaufmann.

Smithers Pira International. (2015, Dicembre 14). *The Future of Global Packaging to 2020.* Tratto da Smithers Pira: http://www.smitherspira.com/industry-market-reports/packaging/the-future-of-global-packaging-markets-to-2020

Smithers, R. (2007, Settembre 12). *Supermarket home delivery service promotes its green credentials.* Tratto da Guardian: http://www.guardian.co.uk/environment/2007/sep/12/plasticbags.supermarkets

Spini, V. (2015). Il significato della Giornata Internazionale delle Foreste. *Italian Journal of Forest and Mountain Environments, 70*(3), 173-181.

Tellus Institute. (1992). *CSG/Tellus packaging study: assessing the impacts of production and disposal of packaging and public policy measures to alter its mix.* Boston: The Institute.

Tharam, D., Wu, C., & Chang, E. (2010). Cloud computing: issues and challenges. *2010 24th IEEE international conference on advanced information networking and applications* (p. 27-33). IEEE.

The Green Grid. (2007, Febbraio 20). *Green Grid Metrics: Describing Data Centre Power Efficiency.* Tratto da TheGreenGrid.org: http://www.thegreengrid.org/~/media/whitepapers/green_grid_metrics_wp.ashx?lang=en

Tosi, F. (2013). *Ergonomia e progetto.* Milano: FrancoAngeli.

Treedom. (s.d.). Tratto da www.treedom.net

Tripodi, E. M., Santoro, F., & Missineo, S. (2000). *Manuale di commercio elettronico.* Milano: Giuffrè Editore.

Unhelkar, B. (2011). *Green ICT Strategies and Applications.* New York: Taylor & Francis.

United Nation. (1992, Giugno 3-14). *Report of the United Nation Conference on Environment and Development.* Tratto da http://www.un.org/documents/ga/conf151/aconf15126-1annex1.htm

United Nation. (2002). *Plan of Implementation of the World Summit on Sustainable Development.* Tratto da http://www.un.org/esa/sustdev/documents/WSSD_POI_PD/English/WSSD_PlanImpl.pdf

United Nation. (2012, Settembre 11). *Resolution adopted by the General Assembly on 27 July 2012. 66/288. The future we want.* Tratto da http://www.un.org/ga/search/view_doc.asp?symbol=A/RES/66/288&Lang=E

United Nations Environment Programme. (2004). *United Nations Environment Programme: The Environment in the News.* Tratto da Unep: http://www.unep.org/cpi/briefs/Brief09March04.doc

Van Loon, P., Deketele, L., Dewaele, J., McKinnon, A. C., & Rutherford, C. (2015). A comparative analysis of carbon emissions from online retailing of fast-moving consumer goods. *Journal of Cleaner Production.*

Vatinno, G. (2010). *Il Transumanesimo. Una nuova filosofia per l'Uomo del XXI secolo.* Roma: Armando.

Velásquez, M., Ahmad, A.-R., & Bliemel, M. (2009, Dicembre). State-of-the-Art in E-Commerce Carbon Footprinting. *Journal of Internet Banking and Commerce, 14*(3), 1-21.

Velte, T. J. (2008). *Green IT. Reduce your information system's environmental impact ehile adding to the bottom line.* Stati Uniti: The McGraw-Hill Companies.

Vinge, V. (1993). The coming technological singularity: How to survive in the post-human era. *Vision 21: Interdisciplinary Science and Engineering in the Era of Cyberspace* (p. 11-22). United States: NASA. Lewis Research Center.

Visciola, M. (2006). *Usabilità dei siti web: curare l'esperienza d'uso in Internet.* Milano: Apogeo.

Wang, J., Zhu, H., & Li, D. (2008). ERAID: Conserving energy in conventional disk-based raid system. *IEEE Transactions on Computers, 57*(3), 359–374.

Webber, L., & Wallace, M. (2009). *Green Tech. How to plan and implement sustainable IT solutions.* Stati Uniti: AMACOM.

Weber, C., Hendrickson, C., Jaramillo, P., Matthews, S., Nagengast, A., & Nealer, R. (2011). *Life Cycle Comparison of Traditional Retail and E-commerce Logistics for Electronic Products: A case study of buy.com.* Tratto da Carnegie Mellon University: www.ce.cmu.edu/~greendesign/research/Buy_com_report_final_030209.pdf

Weddle, C., Oldham, M., & Qian, J. (2007). *PARAID: A gear-shifting power-aware raid. Paper presented at the 5th USENIX Conference on File and Storage Technologies.* Tratto da Usenix: https://www.usenix.org/legacy/events/fast07/tech/full_papers/weddle/weddle_html/index.html

Welsh, E. T., Wanberg, C. R., Brown, K. G., & Simmering, M. J. (2003). E-learning: emerging uses, empirical results and future directions. *International Journal of Training and Development, 7*(4), 245-258.

Wulf, J., Blohm, I., Brenner, W., & Leimeister, J. M. (2014). Massive open online courses. *Business Information System & Engineering, 6*(2), 111-114.

Zhu, Q., Chen, Z., & Tan, L. (2005). Hibernator: Helping disk arrays sleep through the winter. *SIGOPSOperating Systems Review, 39*(5), 177-190.

www.ingramcontent.com/pod-product-compliance
Lightning Source LLC
Chambersburg PA
CBHW060821170526
45158CB00001B/45